Coordenação editorial
Andrea Lorena Stravogiannis

TEA

Literare Books
INTERNATIONAL
BRASIL · EUROPA · USA · JAPÃO

© LITERARE BOOKS INTERNATIONAL LTDA, 2023.
Todos os direitos desta edição são reservados à Literare Books International Ltda.

PRESIDENTE
Mauricio Sita

VICE-PRESIDENTE
Alessandra Ksenhuck

DIRETORA EXECUTIVA
Julyana Rosa

DIRETORA COMERCIAL
Claudia Pires

DIRETORA DE PROJETOS
Gleide Santos

EDITOR
Enrico Giglio de Oliveira

EDITOR JÚNIOR
Luis Gustavo da Silva Barboza

ASSISTENTE EDITORIAL
Felipe de Camargo Benedito

REVISORES
Sérgio Ricardo do Nascimento e Débora Zacharias

CAPA E DESIGN EDITORIAL
Lucas Yamauchi

IMPRESSÃO
Gráfica Paym

Dados Internacionais de Catalogação na Publicação (CIP)
(eDOC BRASIL, Belo Horizonte/MG)

T253   TEA: histórias, casos e relatos do transtorno do espectro autista / Coordenadora Andrea Lorena Stravogiannis. – São Paulo, SP: Literare Books International, 2024.
120 p. : 14 x 21 cm

Inclui bibliografia
ISBN 978-65-5922-737-2

1. Transtorno do Espectro Autista. 2. Autismo – Estudo de casos. I. Stravogiannis, Andrea Lorena.

CDD 616.858

Elaborado por Maurício Amormino Júnior – CRB6/2422

LITERARE BOOKS INTERNATIONAL LTDA.
Rua Alameda dos Guatás, 102
Vila da Saúde — São Paulo, SP. CEP 04053-040
+55 11 2659-0968 | www.literarebooks.com.br
contato@literarebooks.com.br

Os conteúdos aqui publicados são da inteira responsabilidade de seus autores. A Literare Books International não se responsabiliza por esses conteúdos nem por ações que advenham dos mesmos. As opiniões emitidas pelos autores são de sua total responsabilidade e não representam a opinião da Literare Books International, de seus gestores ou dos coordenadores editoriais da obra.

MISTO
Papel produzido a partir
de fontes responsáveis
FSC® C133282

SUMÁRIO

5   PREFÁCIO
        Andrea Lorena Stravogiannis

7   NEUROBIOLOGIA DO TRANSTORNO DO ESPECTRO AUTISTA
        Aline Camargo Ramos e Andrea Lorena Stravogiannis

17   ENTRE DÚVIDAS E DETERMINAÇÃO: A DESCOBERTA DO AUTISMO DO MEU FILHO
        Beatriz Killinger

27   O EMPENHO DOS PAIS E A TRANSFORMAÇÃO DOS SEUS FILHOS
        Cibele dos Santos T. Neves Spindola

35   O MENINO QUE MUDOU O MUNDO SEM SABER
        Julie Skalee Wentz

45   FONO, O(A) MEU(MINHA) FILHO(A) VAI FALAR?
        Letícia da Silva Sena e Karla Andrea C. de França

53   O HOMEM NÃO É UMA ILHA: ADOLESCÊNCIA, CÉREBRO E COGNIÇÃO SOCIAL (CS) NO TEA
        Mariana Leal

65   SEU ESTILO PARENTAL E AS INFLUÊNCIAS NA CRIAÇÃO DOS FILHOS
        Marilan Barreto Braga

77   UM OLHAR QUE TRAZ VIDA!
        Marlene Silva e Jessica Cardoso

89   UM NOVO OLHAR PARA O AUTISMO NA ATUAÇÃO COM O MÉTODO PADOVAN DE REORGANIZAÇÃO NEUROFUNCIONAL
Regiane Tandello

101   CAMINHOS CRUZADOS: AVC NEONATAL E TRANSTORNO DO ESPECTRO AUTISTA
Rosemeire Neris Alves de Oliveira

111   APRENDENDO SOBRE AUTISMO POR MEIO DE FILMES E SÉRIES
Thamiris Begoti

PREFÁCIO

Sempre acreditei, como psicóloga, mãe e mulher, que quando estamos diante de uma situação desafiadora, ter contato com exemplos semelhantes aos nossos nos ajuda a superá-la.

TEA: histórias, cases e relatos do transtorno do espectro autista se propõe a promover a troca de experiências entre mães atípicas e munir os leitores de esperança por meio de casos reais de evolução, afeto e transformação, apresentados por profissionais que se dedicam a crianças autistas. Outra forma de identificação que o livro traz se dá por meio da apresentação e análise de personagens de séries de TV e do cinema, que convivem com o TEA. Uma forma criativa e reflexiva de mostrar, aos pais, situações comuns, em que está tudo bem ser diferente.

É por meio dessas conexões que você, leitor, tem a oportunidade de legitimar os seus sentimentos e aprender a enxergar uma realidade que pertence não somente a você, mas ao coletivo. Nessa jornada, não existe o certo e o errado. Os estilos parentais são diversos e podem ser construídos, ou melhor, aprendidos em conjunto para proporcionar a evolução do desenvolvimento dos filhos.

Dar voz àqueles que cuidam é valorizar as pequenas conquistas diárias e, desta forma, ajudá-los a construir caminhos e pontes mais leves para que vivam esse processo desafiador no dia a dia.

Convido você a fazer parte deste diálogo aberto e poderoso sobre angústias e questionamentos comuns, e o principal: a força do amor para superar as diferenças.

Andrea Lorena Stravogiannis

01

NEUROBIOLOGIA DO TRANSTORNO DO ESPECTRO AUTISTA

O transtorno do espectro autista – TEA – é uma condição com prevalência importante na população diagnosticada, principalmente durante a infância – sobretudo nos anos iniciais da vida. Embora a fisiopatologia do TEA não esteja completamente esclarecida, muito se avançou em seu entendimento e, consequentemente, nas possibilidades de melhor tratamento. Sabe-se que fatores genéticos e ambientais estão envolvidos na gênese do TEA, além de participação importante de fatores inflamatórios e de espécies reativas de oxigênio no cérebro em desenvolvimento desses pacientes.

ALINE CAMARGO RAMOS E
ANDREA LORENA STRAVOGIANNIS

Aline Camargo Ramos

Biomédica pela Universidade Estadual de Londrina – UEL. Mestre e doutora pelo programa de pós-graduação em Psiquiatria da Universidade Federal de São Paulo – UNIFESP. Pesquisadora de pós-doutorado no Laboratório Interdisciplinar de Neurociências Clínicas – LiNC e no Departamento de Psiquiatria da Universidade Federal de São Paulo – UNIFESP.

Contato
aline.camargo@unifesp.br

Andrea Lorena Stravogiannis

Psicóloga, doutora e mestre pela Faculdade de Medicina da USP. Neuropsicóloga pelo CEPSIC-HC-USP e no Hospital Sírio Libanês; supervisora e professora no curso de pós-graduação em Neuropsicologia no Hospital Israelita Albert Einstein. Coordenadora dos setores de pesquisa e tratamento do Amor Patológico e Ciúme Excessivo do Ambulatório Integrado dos Transtornos do Impulso (PRO-AMITI) do Instituto de Psiquiatria do Hospital das Clínicas da Faculdade de Medicina da USP (Ipq-HC-FMUSP). Especialista em terapia cognitivo-comportamental pelo Ambulatório de Ansiedade no Ipq-HC-FMUSP. Especialista em dependência química pela Universidade Federal de São Paulo (UNIFESP).

Contato
alorena.costa@gmail.com

Aline Camargo Ramos e Andrea Lorena Stravogiannis

O transtorno do espectro autista (TEA) é um transtorno do neurodesenvolvimento bastante heterogêneo e com herdabilidade poligênica, caracterizado, em sua maioria, mas não exclusivamente, por comprometimento do comportamento social, atraso no desenvolvimento da fala e comprometimento da comunicação, além da manifestação de comportamentos restritos e repetitivos, sendo o comportamento social e a presença dos movimentos repetitivos e restritos os principais sintomas utilizados para o diagnóstico deste transtorno. Ele foi primeiramente identificado e nomeado por Leo Kanner, em 1943 e, posteriormente, por Hans Asperger, em 1944 – que deu o nome à síndrome de Asperger, uma das condições que englobam as diferentes síndromes que compõem o TEA.

Embora o TEA possa ter seus sinais em diversos momentos dos anos iniciais de vida, seu diagnóstico se dá por volta dos dois anos; isso não é uma regra. Alguns indivíduos podem ser diagnosticados de forma precoce, enquanto outros obtêm o diagnóstico tardiamente. Apesar do atraso no desenvolvimento da fala não ser o mais utilizado como critério de diagnóstico, este sintoma é um dos principais fatores que levam os pais e/ou cuidadores primários a procurarem assistência médica em busca de diagnóstico para TEA. Por não haver marcadores biológicos para o TEA, o diagnóstico se dá pela avaliação clínica comportamental, realizada por equipe multiprofissional.

No geral, crianças com TEA apresentam interesse restrito e focado em determinadas atividades, são resistentes a mudanças ou novidades, seja em relação a pessoas, ao ambiente ou a atividades, além de apresentarem reação mínima, ou não reação a situações sociais. Apesar disso, os tipos de sintomas, a progressão e a gravidade, assim como as comorbidades apresentadas por pacientes com TEA, variam amplamente entre os indivíduos. Alguns pacientes com TEA podem apresentar incapacidade intelectual (aproximadamente um terço deles); outros podem nunca desenvolver linguagem e apresentar prejuízo cognitivo notável; enquanto que, por outro lado, alguns indivíduos podem se apresentar intelectualmente muito bem-dotados.

Nos últimos anos, tem se observado um aumento significativo no diagnóstico de TEA em todo o mundo, seja por melhor conscientização e busca por redução do estigma atrelado a esta condição, critérios de diagnóstico e ferramentas mais aprimoradas, além do reporte e compartilhamento dos dados obtidos localmente. Embora não haja um consenso sobre a real prevalência deste transtorno, atualmente estima-se que ele ocorra em uma a cada 44 crianças, sendo diagnosticado mais em meninos do que em meninas (quatro vezes mais). É importante ressaltar que há uma escassez de dados relativos à prevalência de TEA principalmente em países de baixa e média renda, dificultando ainda mais a busca por uma prevalência real deste diagnóstico. O diagnóstico de TEA traz consigo uma forte carga social, emocional e financeira, tanto para pais e familiares como para a sociedade, sendo uma importante questão de política pública.

Por se tratar de uma condição complexa, há contribuição de fatores genéticos e, também, ambientais na etiologia do transtorno. Embora não se tenha conhecimento de genes específicos relacionados ao TEA, é sabido que há importante participação genética porém de múltiplos genes com pequenas contribuições. Dentre tais genes, diversos foram encontrados em regiões dos cromossomos 2, 7, 16 e 17. É sabido que mutações esporádicas que podem acontecer tanto no esperma paterno como no óvulo materno estão ligadas ao desenvolvimento do autismo, assim como pequenas mutações herdadas dos pais em "dobro" também influenciam no processo. Estudos em gêmeos apontam que a taxa de concordância para TEA em gêmeos idênticos é de 60%, enquanto que, em gêmeos não idênticos, é de 5%.

Dentre os fatores ambientais comumente relacionados com diagnóstico de TEA há preponderância de complicações pré e perinatais, como diabetes gestacional, hemorragia durante a gestação, infecção materna durante a gestação, prematuridade, baixo peso ao nascer, APGAR baixo, trauma durante o parto, hipóxia, dentre outros. É também ressaltado que a idade materna e paterna pode influenciar no desfecho, assim como exposição a toxinas, inseticidas e medicamentos durante o período gestacional.

É importante ressaltar que nem fatores genéticos nem fatores ambientais, de forma isolada, são preditores de TEA, mas que a interação entre eles, de forma cumulativa e até certo ponto, aleatória, aumentam o risco de desenvolvimento do transtorno.

No que se refere aos sistemas neurobiológicos envolvidos com o TEA, tem havido bastante progresso no entendimento atualmente, embora nem todos os mecanismos e vias envolvidas tenham sido elucidados. Neste aspecto, três sistemas têm sido relacionados ao TEA, sendo eles os sistemas serotoninérgico e gabaérgico, além da proteína envolvida nos mecanismos de plasticidade sináptica. Foi observado que pacientes com TEA apresentam níveis plaquetários de serotonina (5-HT) mais elevados que a população em geral, fazendo com que pesquisas voltassem seu interesse para a participação deste sistema no transtorno. Uma vez que é sabido que a 5-HT tem participação direta no processo de neurodesenvolvimento, alterações nesse sistema podem resultar em comprometimento dos processos de proliferação celular, migração neuronal e sinaptogênese.

Em relação à morfologia cerebral, estudos de imagem mostram que crianças com TEA com menos de quatro anos de vida apresentam volume encefálico aumentado quando comparado com crianças da mesma idade não diagnosticadas com TEA, embora tais crianças apresentassem perímetro cefálico normal e/ou ligeiramente menor no período neonatal. Observa-se que há um crescimento acelerado tanto da substância branca como cinzenta no período perinatal, indicando uma população numerosa de neurônios e, também, de axônios, além de ser observado em estudos *post-mortem* que em algumas regiões do córtex pré-frontal de crianças com autismo as células das camadas corticais estão dispostas de maneira bastante desorganizadas. Uma vez que o neurodesenvolvimento é resultado do equilíbrio entre neurogênese e poda neuronal, tais processos parecem estar comprometidos no TEA, havendo uma comunicação neuronal atípica, o que resulta nas alterações comportamentais observadas no transtorno. A amígdala de crianças com TEA se apresenta aumentada nos primeiros anos de vida e, com o passar do tempo, há redução desta área. Outra área encefálica avaliada em estudos de imagem, o estriado também se encontra aumentado em crianças diagnosticadas com TEA, sendo que, quanto maior o volume de estriado observado, maior frequência de comportamentos repetitivos eles apresentavam.

Já é de conhecimento que o escaneamento de faces por indivíduos com TEA é feito de forma característica, uma vez que estes indivíduos focam sua atenção para a região da boca, enquanto as pessoas sem TEA tendem a focar sua atenção na região dos olhos. Tal característica foi associada com maior ativação da região da amígdala. Estudos também observaram que, durante o processamento de faces, há ativação do lobo temporal direito de forma atípica daquela observada em indivíduos sem TEA.

Bastante atenção tem sido voltada para os componentes inflamatórios e imunológicos na fisiopatologia do autismo. Apesar de não poder ser utilizado como biomarcador para o TEA, valores elevados de marcadores inflamatórios e de disfunção mitocondrial têm sido observados em pacientes com diagnóstico de autismo.

O processo inflamatório, que pode ser desencadeado por diferentes agentes, leva à alteração dos níveis de diversas citocinas anti e pró-inflamatórias, bem como modificações celular e moleculares que podem ser duradouras. Estudos *post-mortem* mostraram alguns sinais desse processo em cérebro de indivíduos com autismo, como desbalanço celular e de resposta do sistema imune, níveis elevados de citocinas pró-inflamatórias e baixo de anti-inflamatórias e ativação da micróglia neuronal. Apesar de tais evidências, nem todos os indivíduos diagnosticados com TEA apresentam tais alterações ou no mesmo nível.

Dentre as diversas alterações inflamatórias que podem contribuir para a fisiopatologia do autismo, há uma participação importante dos anticorpos nesse processo. Diversos desses anticorpos atuam exatamente contra estruturas encefálicas, como células da glia e endoteliais, receptores de serotonina, fatores neurotróficos, mitocôndrias, dentre outros, o que pode comprometer diretamente a formação e/ou funcionamento adequado do sistema nervoso central. Tais anticorpos têm a capacidade de atravessar as barreiras placentária e hematoencefálica, atuando sobre o processo de neurodesenvolvimento, sobretudo sobre o balanço de neurônios e sinapses excitatórias e inibitórias.

Outro ponto importante a ressaltar é a necessidade de níveis adequados de citocinas pró e anti-inflamatórias para o neurodesenvolvimento, parecendo haver importante associação entre nível de citocina com memória, aprendizado, comportamento estereotipado, processamento emocional, humor e sono no TEA. Algumas citocinas específicas parecem influenciar diretamente o nível de severidade dos sintomas observados no autismo.

Processos inflamatórios resultam em ativação da micróglia, que são as estruturas responsáveis pelo processo de defesa do sistema nervoso central. A micróglia também tem um papel sabidamente importante em diferentes estágios e processos envolvidos no desenvolvimento cerebral, como reorganização das sinapses, formação das espinhas sinápticas, poda neuronal – ou seja, do processo de sinaptogênese em geral.

Por fim, devemos pontuar os efeitos do estresse oxidativo sobre o cérebro em desenvolvimento como potencial mecanismo relacionado à gênese do autismo. Processos inflamatórios, ativação excessiva e prolongada da micróglia e disfunção mitocondrial resultam em produção elevada de espécies reativas de oxigênio, que são tóxicas para células neurais, podendo levar a danos teciduais.

Assim sendo, embora ainda não seja completamente elucidado todos os mecanismos fisiopatológicos envolvidos na neurobiologia do TEA, muito tem se avançado nos últimos anos nesse aspecto. O que se tem bem estabelecido é que o TEA se trata de uma condição complexa, de natureza multifatorial, havendo importante participação de fatores genéticos, ambientais e a interação de ambos. Embora sejam pequenos passos caminhados, são fundamentais para pesquisas futuras avançarem e trazerem mais conhecimento, seja no âmbito da prevenção ou de tratamentos mais assertivos e eficazes, prezando sempre pela melhoria da qualidade de vida dos pacientes e do bem-estar de seus cuidadores.

Referências

CENTERS for Disease Control and Prevention (CDC). *Autism Spectrum Disorder (ASD)*. Disponível em: <https://www.cdc.gov/ncbddd/autism/index.html>. Acesso em: 23 nov. de 2023.

GEVEZOVA, M.; SARAFIAN, V.; ANDERSON, G.; MAES, M. Inflammation and Mitochondrial Dysfunction in Autism Spectrum Disorder. *CNS Neurol Disord Drug Targets*. 2020;19(5):320-333. doi: 10.2174/1871527319666200628015039. PMID: 32600237.

HOFER, J.; HOFFMANN, F.; KAMP-BECKER, I.; POUSTKA, L.; ROESSNER, V.; STROTH, S.; WOLFF, N.; BACHMANN, C.J. Pathways to a diagnosis of autism spectrum disorder in Germany: A survey of parents. *Child Adolesc. Psychiatry Ment*. Health 2019, 13, 16.

KANDEL, E. R. *et al.* (org.). *Princípios de neurociências*. 5. ed. Porto Alegre: AMGH, 2014.

KARST, J. S.; VAN HECKE, A. V. Parent and family impact of autism spec- trum disorders: A review and proposed model for intervention evaluation. *Clin. Child. Fam. Psychol. Rev*. 2012; 15(3): 247-77. http://dx.doi.org/10.1007/s10567-012-0119-6 PMID: 22869324.

MAENNER, M. J.; WARREN, Z.; WILLIAMS, A. R, et al. Prevalence and Characteristics of Autism Spectrum Disorder Among Children Aged 8 Years – Autism and Developmental Disabilities Monitoring Network, 11 Sites, United States, 2020. M*MWR Surveill Summ*. 2023;72(No. SS-2):1–14. DOI: http://dx.doi.org/10.15585/mmwr.ss7202a1.

SADOCK, B. J.; SADOCK, V. A.; RUIZ, P. *Compêndio de psiquiatria: ciência do comportamento e psiquiatria clínica*. 11. ed. Porto Alegre: Artmed, 2017.

SHAW, K. A.; BILDER, D. A.; MCARTHUR, D. et al. Early Identification of Autism Spectrum Disorder Among Children Aged 4 Years — Autism and Developmental Disabilities Monitoring Network, 11 Sites, United States, 2020. *MMWR Surveill Summ.* 2023;72(No. SS-1):1–15. DOI: http://dx.doi.org/10.15585/mmwr.ss7201a1.

WANG, L.; WANG, B.; WU, C.; WANG, J.; SUN, M. Autism Spectrum Disorder: Neurodevelopmental Risk Factors, Biological Mechanism, and Precision Therapy. *Int. J. Mol. Sci.* 2023 Jan 17;24(3):1819. doi: 10.3390/ijms24031819. PMID: 36768153; PMCID: PMC9915249.

02

ENTRE DÚVIDAS E DETERMINAÇÃO A DESCOBERTA DO AUTISMO DO MEU FILHO

No turbilhão de emoções que invadiu minha vida, deparei-me com os primeiros sinais que indicavam que algo estava diferente no desenvolvimento do meu filho. Neste capítulo, compartilho, com sinceridade e coração aberto, a jornada de busca por respostas, a angústia da incerteza e, por fim, a revelação do diagnóstico de autismo.

BEATRIZ KILLINGER

Beatriz Killinger

Graduada em Administração de Empresas pela UMESP, fez MBA em Liderança Estratégica na Anhembi Morumbi e, atualmente, cursa Intervenção ABA para Deficiência Intelectual e Autismo no CBI Of Miami, além de ser mãe atípica de modo integral.

Contatos
beatriz.killinger1@gmail.com
Instagram: @biakillinger
11 97711 8010

Em busca de respostas – navegando pelo labirinto do diagnóstico do autismo

Lembro-me vivamente do período que passei em casa com o Bento em seu primeiro ano de vida.

Naquela época, eu mantinha um aplicativo no smartphone que havia baixado na gestação. Ele acompanhava o desenvolvimento do bebê, emitindo notificações e e-mails indicando as habilidades que o bebê adquiriria naquele período de vida, tais como as primeiras palavrinhas, bater palmas, dar tchau e mandar beijos.

No meu íntimo, sabia que algo estava errado, que alguma coisa com o meu bebê não estava dentro do esperado, como via constantemente no aplicativo; e logo tive mais a certeza disso, quando aquelas habilidades novas não vinham, na semana vigente nem na próxima. Eu sentia um aperto no peito ao ver as fotos dos bebês batendo palmas e dando tchau, mas a pediatra que acompanhava o Bento na época disse que ele estava dentro da curva de desenvolvimento e que cada bebê tinha o seu tempo.

E pouco tempo depois descobri o impacto que essa frase tem nos pais, além de invalidar nossas preocupações e nos trazer uma falsa tranquilidade.

TEA

É importante falar que eu sempre fui aquela mãe que estuda, que se informa. Estudei a gravidez toda sobre alimentação e educação, mas não estudei sobre transtornos do neurodesenvolvimento. De acordo com o CDC, em 2020, uma em cada 36 crianças de oito anos (aproximadamente 4% dos meninos e 1% das meninas) foi estimada como tendo TEA (MAENNER *et al.*, 2023).

O pediatra é o profissional que acompanha o bebê desde os primeiros dias de vida, e nos deparamos com profissionais que não têm o olhar atento para levantar a suspeita de que algo está errado e, no mínimo, comparar os marcos daquele bebê ou criança com os marcos de desenvolvimento esperados para a idade.

Havia conversado com o meu marido sobre o atraso de fala significativo que o Bento tinha, além da falta de algumas habilidades e ele reforçou a fala da pediatra, de que cada criança tem seu tempo, mesmo eu frisando o atraso de fala e o que era esperado para a idade dele.

Marquei uma fonoaudióloga que, na primeira e única sessão que fomos, pareceu assustada com o comportamento dele. Hoje eu sei que era algo fora da rotina, faltava repertório e ele estava bem agitado, jogando todos os brinquedos longe, todos os objetos da sala e rodava no próprio eixo sem parar. Essa era uma estereotipia frequente no dia a dia dele. Fui embora com a certeza de que algo não estava certo. Enviei mensagem para a Sand, uma amiga que trabalhava comigo na época, contando o que havia acontecido. Ela era mãe de uma criança autista e me disse: "Os comportamentos dele parecem normais para a idade, mas acho que você deveria marcar um neuropediatra".

Busquei uma segunda opinião e marquei uma consulta com um neuropediatra do plano de saúde. Foi um horror! Estávamos na pandemia, lembro-me como se fosse ontem, era agosto de 2021.

Tentei entrar com o Bento na sala, mas ele estava agitado, correndo pelo corredor, subindo e descendo as escadas, e rodando. Peguei-o no colo e me sentei em frente ao médico. Ele me perguntou se o Bento frequentava a escola, avaliou-o fisicamente e me disse: "Ele é normal, ele não tem nada; só precisa ir para a escola".

Isso me frustrou grandemente. Havia mortes por covid diariamente; ele havia espirrado álcool em todo o ambiente e eu deveria matricular o meu filho de um ano e dez meses na escola? Parecia-me não ter sentido o que eu havia escutado. No meu íntimo, a minha maior vontade era gritar, eu me sentia incompreendida. Realmente a nossa família estava certa? Eu estava querendo que meu filho tivesse algo? Eu queria procurar coisas onde não havia nada? Eu apenas queria que ele se desenvolvesse dentro do esperado e queria nomear o que vivíamos, os choros de madrugada, as estereotipias, os comportamentos repetitivos e restritos.

Pesquisei sobre o que estava acontecendo e vi características compatíveis com o autismo. Senti medo, muito medo do desconhecido e da incerteza que pairava sobre nós.

Bento tinha dois anos e só falava duas palavras. Com 9/10 meses ele falava "mama, papa, bobô e bobó" e da mesma forma que começou, parou; com um ano, simplesmente ele passou a falar apenas "mama" e "dedé". Só de lembrar disso sinto um arrepio na espinha, é assustador ver o seu bebê parar de fazer algo que ele fazia naturalmente tempos antes. Eu me perguntava: "Será mesmo que ele falava ou eu estou imaginando, tamanha é a vontade de que isso aconteça?".

Busquei por uma excelente fonoaudióloga, qualificada e que tivesse familiaridade com TEA e conhecimento comportamental; e foi assim que o Bento se tornou paciente da Letícia Sena.

Foi aplicado o protocolo CARS e ali tivemos a certeza de que o autismo era um transtorno que deveria ser considerado e investigado.

Após dois meses de terapias com a fonoaudióloga, com escalas e protocolos aplicados e relatórios em mãos, eu marquei uma neuropediatra especialista em TEA.

Consegui um encaixe para uma consulta na mesma semana e a minha mãe, que é o meu braço direito nesta jornada, foi comigo levar o Bento.

A mudança de rotina, o ambiente desconhecido e a imprevisibilidade foram fatores cruciais para Bento ficar desorganizado por todo o período da consulta. Ele se autoagrediu, tirou as roupas, rodou em seu próprio eixo. Vê-lo com esses comportamentos me deixava assustada, preocupada e com o sentimento de impotência e incapacidade; eu não conseguia contê-lo. Pegava-o no colo, tentava redirecioná-lo, mas era muito difícil; nada do que fazíamos adiantava ou sequer parecia fazer alguma diferença, porém foram fatores essenciais para sairmos da consulta com o laudo em mãos e um direcionamento do que deveríamos fazer e como poderíamos fazer. Foi a melhor consulta que tivemos até então, finalmente eu me senti ouvida, acolhida e validada.

Finalmente tive esse peso enorme retirado dos meus ombros, esse peso era composto de medo, incertezas e angústias. Tivemos o alívio profundo que um diagnóstico traz e o medo do futuro se fez mais presente do que nunca, assim como o medo do desconhecido.

Foi como se uma porta escura se abrisse e o medo profundo tomasse conta de mim. Mesmo sabendo que algo não estava certo, mesmo conhecendo a palavra "autismo" por algumas pesquisas anteriores e escalas feitas, a incerteza antes sentida foi confirmada por meio de um diagnóstico definitivo e para a vida toda; foi como um decreto de que toda a nossa vida mudaria. Tudo o que havíamos pensado, planejado ou desejado simplesmente mudaria; fomos obrigados a recomeçar, a juntar os nossos pedaços e nos recompor por ele, com todo o foco no desenvolvimento do Bento.

Desde a gravidez, eu sonhava com a possibilidade de ter um filho médico, algo que sempre quis para mim e não tive condições de realizar; gostaria que ele tivesse uma família, que me desse netos. São sonhos que todos os pais têm; porém, no nosso caso, escaparam entre os nossos dedos, e todos esses sonhos e desejos foram trocados naturalmente pelo sonho de que ele se comunicasse verbalmente, desenvolvesse-se dentro do esperado e não tivesse crises.

Entregamo-nos com todas as forças ao desconhecido, com muita fé, mas com a consciência de que o futuro não estava sob nosso controle.

Caminhos para a esperança – em busca das terapias para o autismo

Com o laudo do diagnóstico do Bento em mãos, saí do consultório da neuropediatra com a prescrição de terapias com as devidas especialidades, com o foco de alcançar o pleno desenvolvimento e qualidade de vida do Bento. Meu marido segurou a minha mão e começamos a caminhar juntos, com o objetivo de desenvolver o nosso filho. Senti um misto de emoções naquele dia.

Sabia que ainda viria mais uma luta pela frente com o plano de saúde para oferecer ao Bento as terapias que foram prescritas pela neuropediatra e que eram de direito dele.

A fonoaudióloga do Bento foi a primeira pessoa que nos auxiliou muito no início do processo da busca pelo diagnóstico e foi ela quem me apresentou a Mariana, que, coincidentemente, é minha vizinha – foi ela quem me deu o caminho das pedras, pois já havia passado por tudo o que ainda era novo para nós e se tornou uma grande amiga.

Na primeira vez que conversei com a Mariana, ela nos convidou para jantar em sua casa e conversamos sobre autismo e os próximos passos após o diagnóstico e a busca pelas terapias.

O Bento ficou animado na casa dela, correndo e rodando bastante, interessou-se pelos brinquedos de trem que ele gostava e também tinha em casa. Quando viu a árvore de Natal cheia de penduricalhos, começou a tirar os enfeites e a chacoalhar a árvore, a Mari retirou a árvore do ambiente e a trancou na sacada, o Bento ficou muito nervoso, jogou-se no chão e se autoagrediu.

A Mari com certeza viu o desespero no meu semblante e a tentativa de redirecionar a atenção dele e o pegou no colo, na sequência ele deu um tapa nela que foi direto no rosto, ela conversou com ele e eu o peguei no colo; após um tempo, fomos embora, estava no horário do sono noturno dele.

Eu adorei conhecê-la e sua família, mas tinha a certeza de que nunca mais ela me chamaria para visitá-la, senti-me mal com o que aconteceu. Fico feliz por isso não ter acontecido e por hoje sermos grandes amigas.

A rede credenciada não possuía profissionais com as especialidades necessárias, tampouco havia horários disponíveis. Esperei prazos longos, abri reclamações internas, reclamações em órgãos competentes e, por fim, ajuizamos o plano de saúde para que fossem oferecidas as terapias necessárias para o desenvolvimento do Bento. Foi um período extremamente sofrido para mim, até a saída da liminar. Lidei com crises de ansiedade, insônia, emagreci 10 kg... Posso dizer que eu estava "sobrevivendo" e não vivendo nesse período tão angustiante, até que, depois de quatro meses, conseguimos iniciar todas as terapias que eram necessárias naquele momento.

Em abril, Bento estava fazendo fonoterapia ABA e PROMPT, terapia ocupacional com integração sensorial, fisioterapia ABA/Denver, equoterapia e musicoterapia, e ele começou psicoterapia em junho.

A evolução dele foi muito rápida após essa carga intensa de terapias ser iniciada: em maio ele começou a ecoar as palavras e, na sequência, começou a falar. Foi algo que trouxe muito alívio para nós, embora hoje eu saiba que a comunicação não acontece somente de modo verbal, pela fala, e que pode ser por meio de comunicação alternativa, PECS, gestos, dispositivos eletrônicos, voz sintética, escrita... um mundo de possibilidades, porém era o nosso maior medo, não compreender algo que ele precisasse ou quisesse por falha na comunicação.

Desmistificando o autismo leve – por que a gravidade do transtorno não pode ser subestimada

O Bento foi laudado como TEA nível de suporte leve/moderado. Sabemos que se há um prejuízo na comunicação o autismo já não pode ser considerado leve, hoje nível 1 de suporte, porque a ausência da fala automaticamente apresenta a necessidade de um suporte maior, então não será nível 1 de suporte.

Muitas vezes o diagnóstico vem com "leve" com a esperança de que isso reduza a carga, ou mesmo o suporte de que aquele indivíduo precisa. Uma criança de até três anos precisa de um alto suporte.

Além disso, a noção de que o autismo leve é menos "grave" do que outras formas de autismo pode levar a uma minimização dos desafios que as pessoas com TEA enfrentam, assim como a uma subestimação de suas necessidades de apoio e de intervenções adequadas. Portanto, é importante entender que o autismo é um espectro com uma ampla variedade de manifestações, e que todas as pessoas com TEA merecem respeito, compreensão e suporte para viverem suas vidas da melhor maneira possível.

Muitos profissionais não estão preparados para diagnosticar indivíduos que estão no nível 1 de suporte, em razão de o indivíduo não possuir as características "clássicas" de um TEA, como andar na ponta dos pés ou *flapping*, por exemplo.

O autismo do Bento me mudou, como mãe e, principalmente, como pessoa.

Encontrei um senso de propósito e realização ao fazer tudo o que estiver ao meu alcance para que ele se desenvolva da melhor forma possível.

Desenvolvi uma empatia e compreensão enorme em relação a outras pessoas com desafios semelhantes aos nossos.

Hoje o Bento está com três anos e sete meses, está se comunicando bem verbalmente, socializando com outras crianças e aproveitando muito a escola.

Apesar de todos os desafios que vivemos com o TEA diariamente, eu tenho muita esperança de que venceremos as dificuldades e os desafios em busca de um futuro melhor e com a qualidade que o Bento merece, sempre celebrando cada pequena conquista.

Referência

MAENNER, M. J. *et al.* Prevalence and characteristics of autism spectrum disorder among children aged 8 years – Autism and Developmental Disabilities Monitoring Network, 11 sites, United States, 2020. *MMWR Surveillance Summaries*, v. 72, n. 2, p. 1, 2023. Disponível em: <https://www.cdc.gov/mmwr/volumes/72/ss/ss7202a1.htm?s_cid=ss7202a1_w>. Acesso em: 4 maio de 2023.

03

O EMPENHO DOS PAIS E A TRANSFORMAÇÃO DOS SEUS FILHOS

Neste capítulo, irei explicar a importância dos pais na evolução do desenvolvimento dos seus filhos e falar sobre os esforços que deverão exercer durante essa jornada, os quais serão de grande importância para a evolução da família e para o progresso de suas crianças.

CIBELE DOS SANTOS
T. NEVES SPINDOLA

Cibele dos Santos T. Neves Spindola

Advogada, empresária, técnica em contabilidade, especializada em Direito do Trabalho pelas instituições: Faculdades Metropolitanas Unidas (FMU) e Pontifícia Universidade Católica de São Paulo (PUC-SP) e mestra em Direito do Trabalho pela Pontifícia Universidade Católica de São Paulo (PUC-SP). Premiada como personalidade feminina do ano de 2022 pela *Internacional Business Magazine*. É fundadora do escritório de advocacia Tadim Neves, atuante nas áreas de Direito Trabalhista, Direito Civil, Direito Previdenciário, Direito de Família e Sucessões, Direito do Consumidor e Direito Internacional.

Contatos
www.tadimneves.com
juridico@tadimneves.com
Instagram: dra.cibeletadimneves
Facebook: Dra. Cibele Tadim Neves Spindola
LinkedIn: Cibele Tadim Neves Spindola

> *Substitua as suas deficiências*
> *por ações de coragem e força.*
> WESLEY ALVES

Sou casada e tenho três filhos; contudo, desde o início do casamento, meu esposo tinha o sonho de ter uma menina, e assim nasceu a minha terceirogênita, chamada Manuella.

Entretanto, com o passar do tempo, minha filha começou a apresentar alguns comportamentos não condizentes com sua faixa etária e, além disso, não conseguia se comunicar.

Diante desses fatos, começamos a buscar respostas para a falta de desenvolvimento e a ausência da fala; assim, ela foi diagnosticada com autismo nível 3.

Imagino que, assim como muitos pais, vocês questionam como foi minha reação ao receber o diagnóstico da minha filha, no dia 4 de maio de 2022, de transtorno do espectro autista (TEA) nível 3. Para todos que perguntam, sempre dou a mesma resposta: busquei as soluções para ajudar minha filha a se desenvolver e prosperar.

Inserida na área do direito há mais de dez anos, estou acostumada a solucionar os problemas daqueles que vêm até mim, e estar diante de um desafio como esse fez que várias possibilidades surgissem em minha cabeça para resolvê-lo o mais depressa possível.

Tive de aprender que isso não iria terminar de um dia para o outro, mas que seria um trabalho progressivo, lento e que seus resultados também seriam demorados. Desacelerar, refletir e assumir essa nova responsabilidade foram a base para ajudar minha filha.

Entrei em grupos de pais que têm filhos com alguma deficiência que buscam apoio e orientação para enfrentar as dificuldades específicas de seus filhos, busquei profissionais e meu marido começou a fazer cursos; entretanto, a maioria dos especialistas consultados afirmava que o estado da minha filha era irreversível e que seria quase impossível para ela falar ou até mesmo me chamar de mãe.

Conheci diversas pessoas na mesma situação. Muitas delas decidiram desistir e entraram num verdadeiro luto ao terem essa notícia, pois não aceitavam a condição de seus filhos. No entanto, deixar a minha filha daquela forma seria ainda pior, por isso sempre busquei soluções.

Conheci mães que se encontravam em situações tão difíceis quanto a minha, com filhos que apenas podiam movimentar os próprios olhos e, mesmo assim, elas sabiam quando eles estavam estressados, felizes e tristes, resultado da harmonia e do amor materno.

Procurei as orientações de incontáveis clínicas para encontrar aquela em que a minha filha demonstrasse melhora. Após muito tempo, numa delas percebemos o desenvolvimento da nossa filha por meio de orientações ABA, mesmo sendo considerada a mais difícil para se realizar com o grau de TEA dela.

Claro, os resultados obtidos não foram somente nas horas das consultas, mas principalmente fora delas e com atitudes extremas, como a retirada total de telas (celulares, televisões, entre outras), pois essas tornam ainda mais severos os efeitos, conforme a Academia Americana de Pediatria (AAP):

Quanto mais tempo de tela, mais graves são os sintomas de TEA (especialmente sintomas sensoriais), e o mais óbvio é o atraso no desenvolvimento, especialmente em crianças com TEA com maior tempo de tela e idade mais jovem, particularmente no domínio da linguagem.

> *Embora a associação entre autismo e tempo de tela ainda esteja sendo estudada, é importante que os pais regulem e controlem o tempo de tela de seus filhos, especialmente entre bebês e crianças.*
> BARNES
> (Gregory N. Barnes, MD, Ph.D., diretor da Norton Children's Autism Center)

Não foi fácil reduzirmos todos os dispositivos próximos da minha filha. Isso demandou tempo e muito trabalho conjunto de nossa família, sem mencionar as complicações em locais públicos, tendo em vista que celulares e televisões estão por toda parte no nosso dia a dia.

Mesmo com essas adversidades, jamais deixei de levar minha filha aos parques e restaurantes, pois sei a importância de inseri-la em ambientes com outras pessoas. Sempre perguntei antes se o local tinha condições, adaptações e procedimentos adotados para que minha filha ali pudesse ficar.

Não são todos os estabelecimentos que estão preparados, mas em muitos descobrimos que havia descontos e gratuidade na entrada. Muitas dessas informações não são divulgadas para todos os pais, o que exige posicionamento e desejo por busca, assim como afirma Renata Tibyriçá, defensora pública do Estado de São Paulo:

"Precisamos avançar em relação a essa inclusão de 'faz de conta'". Muitas famílias percebem que a criança não está participando das atividades das salas de aula. Dizem que ela não recebe qualquer atenção específica. Não existe um trabalho específico que garanta o aprendizado."

Atualmente, minha filha recebeu um novo diagnóstico no dia 23 de maio de 2023, o qual informa que ela se encontra com um grau de TEA leve, já sendo capaz de falar, de conversar e de se relacionar com outras crianças sem problemas, o que é um verdadeiro milagre diante de muitos profissionais que disseram o oposto.

Portanto, cerca de oito meses depois de entrar nessa nova clínica, percebemos que é muito importante que os pais e os demais membros da família não desistam, pois é necessário encontrar o local onde a criança demonstre os melhores resultados, sendo necessário sempre acompanhar relatórios, laudos e ter muito trabalho.

Também precisamos agradecer os avanços em nossa medicina, psicologia e nas outras áreas que exploram a TEA, que ainda têm muitos segredos para nós. Sem esses profissionais, seria inviável alcançar esses resultados extraordinários com a minha filha.

É importante jamais desistir, pois essa jornada não se encerra e sei que ainda estamos somente no começo, mas já foram muitas as nossas conquistas. Inclusive, também temos diversas vitórias em nossas normas, como é o caso da Lei 14.624, de 17 de julho de 2023, a qual certifica o uso da fita com desenhos de girassóis:

Art. 1º. A Lei nº 13.146, de 6 de julho de 2015 (Estatuto da Pessoa com Deficiência), passa a vigorar acrescida do seguinte art. 2º A: "Art. 2º A. É instituído o cordão de fita com desenhos de girassóis como símbolo nacional de identificação de pessoas com deficiências ocultas. § 1º O uso do símbolo de que trata o caput deste artigo é opcional, e sua ausência não prejudica o exercício de direitos e garantias previstos em lei. § 2º A utilização do símbolo de que trata o caput deste artigo não dispensa a apresentação de documento comprobatório da deficiência, caso seja solicitado pelo atendente ou pela autoridade competente".

Além disso, nesse mesmo ano (2023), também conquistamos a Lei nº 14.626, de 19 de julho, a qual alterou as Leis nº 10.048, de 8 de novembro de 2000, e nº 10.205, de 21 de março de 2001, que também não foi devidamente divulgada. Por meio dela, pessoas com o espectro autista têm atendimento prioritário em diversos estabelecimentos, o que é de extrema importância, não só para crianças, mas também para adolescentes, adultos e idosos.

> Art. 1º. Esta Lei altera a Lei nº 10.048, de 8 de novembro de 2000, e a Lei nº 10.205, de 21 de março de 2001, para prever atendimento prioritário em diversos estabelecimentos a pessoas com transtorno do espectro autista [...]

Em nossa Constituição Federal, o Estado deveria de se certificar de atender de maneira especializada às pessoas com deficiência; infelizmente, poucas instituições de ensino estão preparadas para isso, conforme podemos verificar a partir de diversos relatos de pessoas que também cuidam de crianças autistas. Vejamos:

> Art. 208. O dever do Estado com a educação será efetivado mediante a garantia de: III – atendimento educacional especializado aos portadores de deficiência, preferencialmente na rede regular de ensino.

Sendo assim, percebemos que são diversos os benefícios para essas pessoas e não são amplamente divulgados para nossa sociedade, principalmente para as famílias que necessitam dessas vantagens em seu cotidiano, seja em uma fila de espera ou na compra de algo em comércios.

O número de crianças com TEA que estão matriculadas em classes comuns no Brasil aumentou 37,27% em um único ano. Em 2017, 77.102 crianças e adolescentes com autismo estudavam na mesma sala que pessoas sem deficiência. Esse índice subiu para 105.842 no ano de 2018, conforme dados fornecidos pelo INEP.

Esse crescimento numérico de pessoas com deficiência é algo antigo, pois já vem ocorrendo em todos os anos. Inclusive, especialistas de Princeton estabelecem que, nos Estados Unidos, a cada 44 crianças, uma delas tem TED.

O Centro de Controle e Prevenção de Doenças (CDC) divulgou hoje sua atualização bienal da prevalência estimada de autismo entre as crianças do país, com base na vigilância ativa em 11 locais de monitoramento nos Estados Unidos para crianças de oito e quatro anos, em 2018. O novo relatório mostra um aumento na prevalência com um em 44 crianças ou cerca de 2,3% das crianças de oito anos diagnosticadas com transtorno do espectro do autismo em 2018. Esse aumento de 24% na prevalência mostra progresso na conscientização e defesa da identificação e diagnóstico precoces, mas também reitera a necessidade de um aumento significativo no financiamento para pesquisas e serviços sobre autismo a serem prestados ao longo da vida (PRINCETON, 2018).

Sendo assim, até mesmo as crianças não diagnosticadas com TEA, mas que têm um grande tempo em frente a telas, precisam de maior supervisão e limitações para que não fiquem tão expostas aos efeitos prejudiciais desses equipamentos. Portanto, os obstáculos não se encontram apenas em nossa casa, mas também em estabelecimentos, escolas e outros locais públicos, os quais devem ser vistos como desafios, mas jamais encarados como algo impossível de ser superado.

Referência

PRINCETON. *Autism Speaks renews call for significant increase in funding for research and services to support the 2.3% of U.S. children with autism spectrum disorder.* Disponível em: <www.autismspeaks.org/press-release/autism-speaks-renews-call-significant-increase-funding-research-and-services-support>. Acesso em: 26 jul. de 2023.

04

O MENINO QUE MUDOU O MUNDO SEM SABER

Neste capítulo, o leitor conhecerá um pouco da experiência de vida de uma mãe atípica, conseguirá se identificar com suas histórias e entender o quão surpreendente pode ser a jornada dentro do espectro autista.

JULIE SKALEE WENTZ

Julie Skalee Wentz

Mãe atípica, tecnóloga em gestão da produção industrial (2010), pós-graduada em engenharia de produção (2015), engenheira química (2020), aplicadora ABA (2022), auxiliar terapêutica (AT) pelo método Denver (2022), estudante de terapia ocupacional, ativista da causa autista, palestrante e instrutora sobre autismo e inclusão, voluntária no Instituto Compasso (organização sem fins lucrativos que atende crianças autistas e suas famílias), conselheira fiscal da AMA-VS (Associação de Amigos dos Autistas do Vale dos Sinos) e conselheira do COMUDEPE (Conselho Municipal dos Direitos das Pessoas com Deficiência) de São Leopoldo.

Contatos
julie_skalee@hotmail.com
Instagram: @vivendoamatervidade
51 98174 1842

O diagnóstico de autismo não escolhe a dedo quem ele vai acometer. Na realidade, ele acontece justamente quando a gente menos espera, quando acha que é impossível ocorrer na nossa casa. Num primeiro momento, acreditamos que o diagnóstico de TEA é pior que um furacão, pois parece que ele acontece sem pré-aviso nenhum. Com o passar do tempo, notamos que os sintomas mais sutis estavam presentes desde cedo e que o aviso do que estaria por vir, na realidade, havia sido dado. A verdade é que, com aviso ou não, ninguém está preparado para ouvir: "Seu filho possui comportamento compatível com o transtorno do espectro autista". É o tipo de frase que fica reverberando na mente da gente.

Comigo não foi diferente. Acredito que todas as mães atípicas passam por uma experiência tão intensa quando o diagnóstico chega que podemos dizer que renascemos nesse momento. Passamos por um processo duro e, muitas vezes, demorado, de luto. Mas, então, renascemos. Verdadeiras leoas capazes de encarar tudo e todos para defender nossos filhos. E nesse processo, percebemos que ouvir histórias de outras mães abastece nosso estoque de combustível para seguir em frente, não só por nossos filhos, mas por todos os autistas do mundo. Tornamo-nos um pouco mães de todas as crianças que encontramos nas recepções das clínicas de terapia. Como uma grande família que se reconhece e se comunica somente com o olhar. E nessa grande jornada que é viver o espectro autista, muitas histórias precisam ser contadas por conta de seu grande poder de transformação.

Te convido a conhecer um pouco da história da minha família e refletir diante de cada momento escolhido para ser retratado nesta obra. Cada dia vivido permite um aprendizado e uma experiência nova. Que o mundo atípico possa ser o elo de significância entre o que somos e o que queremos ser, e que esses relatos despertem em cada leitor a vontade de entender o autismo como uma habilidade e não como uma deficiência.

A cozinha

O Valentim é uma criança única. Não pelo fato de ser autista. Na realidade, isso o torna mais especial. Ele gosta de brincar com coisas inusitadas, como pedras e farelinhos de pão. A habilidade que esse menino tem com os dedinhos é algo que ainda me deixa estarrecida. Em poucos segundos ele consegue transformar um pedaço de pão nos mais finos farelos. E depois ele brinca divertidamente. Observá-lo nesses momentos me faz refletir que não precisamos de algo grandioso para sermos felizes. Não são os brinquedos mais caros do mundo que o farão dar aquele sorriso que ilumina a casa toda.

Mas como toda boa mãe atípica, tenho aquele sentimento, lá no fundo, de que seria muito legal vê-lo brincando com coisas funcionais. Não se trata de preconceito! Veja bem, estamos falando de uma mãe que não foi "treinada" para ser mãe atípica e que, portanto, nem sempre é uma tarefa fácil descobrir brincadeiras que de fato façam a criança feliz. E as lojas de brinquedo não estão preparadas para agradar o gosto singular e intenso dos nossos pequenos atípicos.

O dia dessa história começou como um típico dia de criança. Porém, acrescentando o fato de o Valentim estar há três dias com febre, sem comer direito e muito abatido. Conseguimos uma consulta de encaixe com nossa querida pediatra "dra. Ju". A resmungada para entrar no prédio ocorreu conforme o esperado. O Valentim sempre deixa claro que prefere lugares ao ar livre. E, sinceramente, não o julgo por isso. Na recepção, tivemos que ter aquele "jogo de cintura" que toda mãe de criança pequena sabe bem. Contar história, cantar musiquinha e mostrar tudo o que estiver ao redor para distrair o pequeno. A dra. Ju nos chama. O Valentim entra chorando, pois já conhece o protocolo. Sabe que será examinado. Engana-se quem pensa que o autista não verbal não entende as coisas. Ah, como eles entendem!

Entramos no consultório e um brinquedo chamou a atenção dele. Não era o tipo de comportamento que eu estava acostumada a presenciar, então parei tudo para observar. Ele se ajoelhou no chão e começou a brincar, encantado com uma cozinha de brinquedo. Era um tipo de cozinha compacta, com pia, fogão e armário lado a lado. Tinha relógio, torneira e até uma torradeira. O encanto do Valentim com a cozinha foi tanto que eu contei para a dra. Ju como era difícil encontrar um brinquedo que o Valentim gostasse muito. Pedi autorização para fotografar a tal cozinha, pois na minha cabeça eu só pensava: "Quero ver meu filho feliz assim todos os dias!" e "Achei o que posso dar para ele no próximo aniversário!". Na mesma hora, a dra. Ju fala sem pestanejar: "Então leva a cozinha para o Valentim". A frase nem havia sido terminada e eu já emendei um "não precisa". A dra. Ju insistiu e disse que realmente não tinha o menor problema.

Terminada a consulta, saí com o Valentim em uma mão e a cozinha na outra. Quando o Valentim se deu conta de que a cozinha iria com a gente, deu pulos de alegria. Nesse momento, não tinha otite que o desanimasse. Não sei se eu agradeci a dra. Ju na saída. Só consigo me lembrar dos pulos de alegria e do olhar de gratidão do meu filho. A volta de 15 km até em casa foi com uma criança na sua cadeirinha, abraçando sua cozinha de brinquedo.

Eu nunca teria imaginado que uma cozinha seria o tipo de brinquedo que o deixaria tão animado. Às vezes, estamos tão apegados a modelos mentais e não permitimos às nossas crianças experiências novas. O autismo vem para ensinar que esses "modelos mentais", na verdade, não existem, e nesse dia eu aprendi que não há um padrão a ser perseguido. O mundo é imenso demais para não mostrar a ele todas as possibilidades que existem, até mesmo no ato de brincar. E se os desejos e vontades não chegarem por meio de palavras, cabe a mim, mãe atípica, permitir que meu filho me mostre como é o seu mundo.

Mas essa história não é somente sobre o que eu esperava ou não do meu filho. Não é sobre valores materiais. Essa história também é sobre a sensibilidade de uma profissional que entende o que é o maternar atípico e percebe que uma atitude simples pode impactar muito no dia do outro. Esse relato é sobre criar memórias boas tanto na criança como na mãe. É sobre a relevância de ser empático dentro de uma sociedade que ainda não está preparada para amparar os autistas e suas famílias.

Refletindo a respeito do ocorrido, questiono-me por que a minha primeira reação foi dizer não? Penso que muitas vezes nosso maternar atípico é tão desafiador e solitário que não estamos acostumadas a encontrar seres humanos dispostos a ajudar nas coisas mais simples. Não deveria ser motivo de estranheza o comportamento de empatia. O autismo não deve ser um fardo. Ser mãe de autista não deve ser um rótulo que vem acompanhado de uma armadura, pois espera sempre pelo pior. Precisamos "estranhar" o oposto disso. Ser empático e generoso, principalmente com as famílias atípicas, deveria ser o habitual da nossa sociedade. É por isso que "a história da cozinha" deve ser contada. Essa mãe aqui jamais vai esquecer aqueles bracinhos apertados segurando a cozinha dentro do carro. Aqueles pulos e aquele olhar que dizia "obrigado" serão para sempre um lembrete de que pessoas boas vão cruzar nossa jornada. E, mais ainda, um lembrete de que sempre, em algum momento da nossa vida, poderemos também ser responsáveis pela "cozinha" de alguém.

A mordida

Tem dias que são mais difíceis que outros dentro da maternidade atípica. Gerenciar a rotina de terapias, aulas, consultas, necessidades dos demais membros da família, trabalho, estudo etc. pode acarretar um verdadeiro esgotamento mental. Esse dia era um desses dias difíceis. Mesmo com toda a rede de apoio que eu tenho, existem momentos que são mais tensos.

Chegou a hora de buscar os meninos na escola. Mentalmente, já fiz a conta de quantas horas faltam para o dia terminar. A "profa. Rose" trouxe os dois meninos no portão, que chegaram felizes como sempre. Aquele sorriso do Valentim e do Vicente no portão da escola é de longe o momento que eu gostaria de congelar para a eternidade.

Peguei as mochilas e perguntei para a "profa. Rose" como foi o dia. Ela me disse que foi tudo bem, mas que o Valentim havia mordido um coleguinha. Minha mente processou o que a professora disse e pensei "era só isso que me faltava para hoje. Vou ter que explicar para a mãe desse amiguinho que não foi por mal e torcer para que ela seja compreensiva". Mas, enquanto eu devaneava em como falar com a outra mãe, a professora continuou: "Foi muito legal! Pois o Valentim sempre é muito passivo. Normalmente ele não reage quando os colegas fazem alguma coisa para ele e, então, hoje, foi muito positivo. Ele está evoluindo e já conseguiu manifestar para o amigo que estava incomodado com a invasão do espaço dele. Já conversei com a outra mãe e ela entendeu. Parabéns para o nosso Valentim.

Agora vamos trabalhar com ele que existem outras maneiras de mostrar quando se sente desconfortável".

Minha reação nessa hora foi de congelamento e perplexidade. A "profa. Rose" estava vendo o lado positivo da mordida. E mais, já havia esclarecido tudo com a outra mãe. Na realidade, ela estava me contando o ocorrido para relatar uma evidência de evolução do meu filho.

Quantas vezes nos concentramos apenas no lado negativo de cada situação? Quantas vezes deixamos de valorizar os pequenos avanços dos nossos pequenos?

Esse dia, que começou sendo um daqueles dias difíceis, terminou com uma grande alegria inusitada. Evidenciar as evoluções é o tipo exato de combustível que precisamos para seguir firmes na caminhada. Talvez a "profa. Rose" não se lembre desse dia, mas a atitude dela de enxergar mais do que uma "mordida" entre crianças no jardim de infância fez que essa mãe aqui entendesse que o grande aprendizado está no caminho percorrido e não na linha de chegada.

O professor tem um papel de extrema importância no desenvolvimento de toda criança. Quando falamos de autismo, o significado de ser professor ganha uma relevância ainda maior. É na escola que a criança vai aprender a conviver em sociedade. É na escola que os primeiros grandes desafios vão surgir, assim como as primeiras relações humanas fora do núcleo familiar. Cada minuto vivido dentro de uma escola inclusiva é um minuto precioso de estímulo que a criança recebe. Sem contar que ensinar a todas as crianças que as diferenças existem e precisam ser compreendidas e respeitadas é consolidar o futuro que desejamos para a humanidade. Nesse contexto o professor é mais do que alguém que ensina. O professor é alguém que tem a habilidade de, literalmente, mudar vidas.

Essa história precisa ser contada para lembrar que os dias nunca serão somente de caos. O caminho percorrido dentro do espectro é diferente daquele que estamos acostumados. Mas isso não o torna certo ou errado. E cada pessoa tem o poder de ser agente transformador na vida das famílias atípicas. Ser parte da rede de apoio é também mostrar para os pais cada passo que a criança dá na direção da sua evolução.

Diante de toda singularidade do autismo é convicto o fato de que qualquer pessoa será transformada depois do diagnóstico de um filho. A maneira como o mundo passa a ser visto muda profunda e intensamente. Os valores de vida e o impacto das relações humanas ganham uma proporção nunca imaginada. Viver o espectro faz o indivíduo enxergar o verdadeiro valor dos pequenos gestos. O autismo me permitiu aprender a interpretar um olhar e viver a beleza de cada dia. O tempo ganhou uma métrica diferente. Porque ser mãe atípica é ressignificar o tempo. A gente não sabe quando vai ouvir o primeiro "mamãe". Mas temos a certeza de que, quando recebemos um carinho, é puramente movido por amor. Não existe falsidade ou malícia na relação com um autista.

O autismo traz a entropia necessária para a metamorfose da vida. Aquele serzinho tão vulnerável e, ao mesmo tempo, tão forte não tem a noção de o quanto é capaz de ensinar para a humanidade. Ser mãe de autista é mais do que renascimento. É crescer com o processo e ter toda a sua vida transformada durante a caminhada.

Se tiveres a sorte de conviver com um autista e permitir-se enxergar o espectro como ele realmente é, verás que a mudança do mundo já começou. E a beleza disso tudo é finalmente se dar conta de que uma criança tem a capacidade de mudar o nosso mundo sem nem ao menos saber disso.

05

FONO, O(A) MEU(MINHA) FILHO(A) VAI FALAR?

Neste capítulo, você encontrará uma breve explicação sobre os transtornos de linguagem e de fala, uma das estatísticas mais recentes sobre o desenvolvimento de fala, quais comportamentos de linguagem são mais valorizados na sociedade atual, motivos para formas alternativas e aumentativas de comunicação frequentemente não serem utilizadas por famílias no Brasil e, por fim, motivos para dar voz às crianças, seja como for.

LETÍCIA DA SILVA SENA E KARLA ANDREA C. DE FRANÇA

Letícia da Silva Sena

Fonoaudióloga. Analista do comportamento aplicada ao transtorno do espectro do autismo (TEA) e desenvolvimento atípico, pelo Paradigma Centro de Ciências e Tecnologia do Comportamento. Doutoranda pela Universidade Federal de São Paulo, especializanda em Terapia de Aceitação e Compromisso pelo Centro Brasileiro de Ciência Comportamental Conceitual e terapeuta certificada para a realização dos métodos de terapia baseados em Prompt, PECS e PODD. Fundadora do Instituto Índigo, clínica que realiza avaliação e intervenção em crianças e adolescentes com TEA e outros transtornos do neurodesenvolvimento, da linguagem e da fala. Empresária, esposa, professora e metida a escritora. Além disso, realiza supervisões a outros terapeutas, clínicas e orientações parentais dentro e fora do Brasil. Seu diferencial é o engajamento intenso e precoce nessas intervenções e seu amor pelo desenvolvimento da comunicação infantojuvenil.

Contatos
www.indigoinstituto.com.br
silva.leticiasena@gmail.com
Instagram: @fga_leticiasena
11 98670 7701

Karla Andrea C. de França

Fonoaudióloga, formada há 25 anos. Especialista em Linguagem; especialista em Intervenção ABA para Autismo e Deficiência Intelectual, pelo CBI of Miami. Terapeuta em Intervenção Precoce Naturalista Intensiva, pelo Instituto Farol/Modelo Denver. Esposa, mãe da Maria Valentina. Hoje, atua no espaço idealizado por ela mesma, dedicando-se ao atendimento a crianças e adolescentes com TEA e outros transtornos do neurodesenvolvimento. O espaço idealizado é referência para atendimentos interdisciplinares e conta com diversos profissionais das áreas de fonoaudiologia, psicologia e psicopedagogia. Além dos atendimentos, supervisiona e orienta a equipe.

Contatos
karla@karlacorrentefono.com.br
Instagram: @karlacorrentecomportamental
19 99494 8403

E o título do nosso capítulo deve ser, com toda certeza, a pergunta que mais escutamos no dia a dia como fonoaudiólogas.

Não é à toa que os repertórios que são considerados mais significativos e valorizados pela sociedade são associados à linguagem a partir da fala, que se faz essencial para a interação nas relações sociais, a aquisição de habilidades acadêmicas, quando vamos à escola ou quando nos engajamos em um trabalho, a conversação e a promoção de autonomia de todas as pessoas inseridas num grupo social ou cultura (SUNDBERG *et al.*, 2007).

Muitos transtornos ou distúrbios do neurodesenvolvimento que atendemos em nossos consultórios de fonoaudiologia apresentam como um de seus principais aspectos clínicos uma dificuldade significativa quanto ao desenvolvimento do comportamento verbal, ou seja, quanto ao desenvolvimento de comportamentos como a linguagem, a fala e a conversação. Um dos transtornos mais comumente atendidos é a condição do transtorno do espectro autista (TEA).

Cerca de 30% das crianças com TEA apresentam pouca ou nenhuma fala funcional (GANZ, 2015) e essas dificuldades de comunicação podem acarretar dificuldades muito expressivas nas áreas de aprendizagem acadêmica, relações sociais, gerar falta de perspectiva de um emprego futuramente, além de problemas de saúde mental, problemas de comportamento e, por fim, maior nível de dependência na fase adulta (IACONO; JOHNSON; FOSTER, 2008). Nesses casos, as formas de comunicação alternativa ou aumentativa (CAA) são recomendadas para substituir ou complementar a fala natural (LLOYD; FULLER; ARVIDSON, 1997).

E antes de nos aprofundarmos mais no assunto relacionado à comunicação alternativa ou aumentativa (CAA), achamos mais prático compartilhar uma diferença bem clara que nós fonoaudiólogos fazemos entre linguagem e fala para diagnosticar, escolher e compreender a intervenção, entender o prognóstico em cada caso e a evolução clínica.

Na fonoaudiologia, separamos o conceito de linguagem e de fala bem claramente: a linguagem se refere ao comportamento de processar palavras e frases, escolher palavras e frases, entender para comunicar; e a fala se refere ao comportamento de falar efetivamente, se atendo apenas à forma de produção e de execução dos sons efetivamente.

Nos diagnósticos de linguagem, existem as possibilidades de a criança ter:

- Atraso de linguagem: ocorre em decorrência de alguma alteração durante a gestação, parto, prematuridade ou falta de estimulação ambiental.
- Transtorno do desenvolvimento da linguagem: ocorre em decorrência de alterações genéticas ainda não completamente mapeadas e compreendidas, que geram alterações persistentes em diferentes subsistemas da linguagem, sendo uma opção diagnóstica de exclusão (ou seja, quando já foram descartadas todas as outras opções diagnósticas relacionadas a qualquer tipo de transtorno do neurodesenvolvimento, esse diagnóstico fonoaudiológico é considerado pelo fonoaudiólogo).
- Associação a algum transtorno do neurodesenvolvimento: dá-se em decorrência das alterações de origem genética herdadas e provindas da relação com o ambiente que também resultam em alterações no sistema nervoso central, gerando impacto direto no funcionamento e na aquisição da linguagem e da fala de modo persistente.

Nos diagnósticos de fala, existem as possibilidades de a criança ter:

- Atraso de fala: atraso na aquisição dos sons da fala, adquirindo-os de acordo com a linha do desenvolvimento típico, mas com atrasos em decorrência de alguma alteração durante a gestação, parto, prematuridade ou falta de estimulação ambiental.
- Transtorno fonológico: dá-se em decorrência de alterações genéticas ainda não mapeadas ou compreendidas, que alteram a representação auditiva dos sons da fala e geram na fala das crianças trocas fonológicas em alta produtividade (ou seja, trocas que acontecem sempre no mesmo fonema, como trocar /s/ por /x/ em palavras que têm o som /s/).
- Transtornos motores da fala: dão-se em decorrência de alterações genéticas ainda não mapeadas ou compreendidas, que alteram o planejamento motor primário da fala, podendo ser uma alteração motora específica da fala ou uma alteração motora global, que gera na fala das crianças distorções dos sons, substituições dos sons, omissões dos sons em baixa produtividade (ou seja, a cada tentativa de emissão oral da criança pode sair um sonzinho diferente e o som pode não sair adequadamente, pode sair meio distorcido/diferente).
- Transtornos de fluência da fala: ocorrem por conta de questões genéticas (nesses casos, são persistentes, acompanhando a vida toda do indivíduo e podem ser amenizados e melhorados com terapia fonoaudiológica) ou de questões psicológicas (nesses casos, são temporários, ocorrem depois de um evento traumático ou marcante ou podem ser "dramatizados/fingidos" pelo cliente e podem facilmente ser superados); dizem respeito a alterações da fala que envolvem grandezas de velocidade da fala e de tempo de processamento da fala.

Podemos afirmar que, para cada um desses transtornos, é necessário um tipo de técnica diferente a fim de estimular, e podemos afirmar também que eles podem com certeza acontecer juntos; ou seja: sim, transtornos da linguagem podem acontecer junto com transtornos da fala; e um transtorno pode ser mais significativo que o outro.

Como isso se comporta na prática? Uma criança pode ter um transtorno leve da linguagem e grave da fala, por exemplo. Precisamos sempre ficar atentos a isso para escolher bem o tratamento porque, por exemplo, uma criança com uma linguagem pouco desenvolvida irá tolerar menos repetições e pode não entender como fazer alguns exercícios para melhora da fala, por ter uma linguagem empobrecida. Além disso, como já vimos, uma pessoa que não sabe comportamentos de comunicação é mais dependente, pode acabar desenvolvendo outros transtornos mentais por não interpretar e entender situações que envolvam a linguagem que está por todo lado e não terá boas perspectivas para o aumento da autonomia.

As terapias do seu pequeno(a), independentemente da área de atuação, devem aderir a objetivos e estímulos que proporcionem sempre o aumento da autonomia e da qualidade de vida da criança, independentemente de a comunicação ocorrer a partir da fala ou a partir de maneira alternativa de comunicação.

Em nossa prática clínica, observamos frequentemente uma dificuldade significativa de aceitação das famílias, compreensão e de uso, quando o assunto é uma forma alternativa ou aumentativa (para os casos em que a fala se desenvolve, mas não se basta como única forma de comunicação nos ambientes sociais) de comunicação.

Essas dificuldades de aceitação, compreensão e de uso ocorrem por diferentes razões no Brasil, de acordo com estudos (CESAR; MAKSUD, 2009): pais que consideram e relatam conhecer as necessidades de seus filhos ou que consideram que a CAA não satisfaz as suas próprias expectativas de comunicação, falta de orientação e suporte técnico de profissionais para uso da CAA, ocorrência de dificuldades motoras do aluno que prejudicam ou dificultam o uso da CAA e falta de tempo dos pais para treinar CAA.

Além disso, na nossa prática clínica, muitos pais pressupõem que, pelo fato de a criança ou adolescente passar a utilizar uma comunicação por meio de imagens e/ou voz eletrônica, isso pode impedir/bloquear o desenvolvimento da fala (verbal). No entanto, os estudos demonstram o contrário (SCHLOSSER; WENDT, 2008), que a CAA não inibe o desenvolvimento da fala e pode até facilitar esse processo e, com certeza, facilita o processo da ocorrência de comunicação funcional.

O aspecto determinante é que a CAA, além de ser um poderoso recurso terapêutico nos diversos transtornos de linguagem e de fala apresentados, irá garantir e facilitar a comunicação do seu filho em seu meio social, bem como também irá aumentar a independência dele nesses mesmos ambientes.

Acreditamos que o maior desafio com crianças que apresentam déficits comunicativos seja construirmos um olhar diferenciado na sociedade, para que essas crianças encontrem caminhos e trilhas alternativas que possam refletir positivamente nas suas condições singulares em vez de ficarmos restritos apenas às suas limitações. Devemos lutar para que possam ter acesso a oportunidades sociais compatíveis com suas necessidades e preferências individuais, com o objetivo maior de inclusão e aumento da independência. Com o avanço da tecnologia e da ciência, só não se comunica "quem não quer" ou "quem não tem oportunidade". Existem caminhos alternativos para todo tipo de alterações e dificuldades de comunicação.

No entanto, não temos a pretensão de dizer que a CAA irá solucionar todos os problemas de comunicação, porque, aliás, o ensino de linguagem pela CAA também é um longo caminho de persistência e dedicação, mas queremos dizer que existem outros caminhos válidos de comunicação universais que funcionam e podem melhorar muito a qualidade de vida.

Encerramos esta reflexão com os dizeres da Declaração dos Direitos Humanos:

> Artigo XIX: todo ser humano tem direito à liberdade de opinião e expressão; este direito inclui a liberdade de, sem interferência, ter opiniões e de procurar, receber e transmitir informações e ideias por quaisquer meios e independentemente de fronteiras.

Dessa forma, cabe a todos nós darmos voz a quem precisa, pois eles têm muito a dizer, independentemente do meio que utilizem, seja por preferência ou dificuldades de base. O mais prazeroso é conhecer ainda melhor seu(sua) pequeno(a), "ouvindo" ou "vendo" o que ele(a) tem a dizer. É preciso dar voz a eles, seja como for.

Referências

CÉSAR, A. M.; MAKSUD, S. S. *Fundamentos e práticas em fonoaudiologia*. Rio de Janeiro: Revinter, 2009.

IACONO, T.; JOHNSON, H.; FORSTER, S. L. Supporting the participation of adolescents and adults with complex communication needs. In: *Autism spectrum disorders and AAC*. Brookes Publishing, 2008. p. 443-478.

LLOYD, L. L.; FULLER, D. R.; ARVIDSON, H. H. Augmentative and alternative communication: A handbook of principles and practices. (No Title), 1997.

SCHLOSSER, R.; WENDT, O. Effects of augmentative and alternative communication intervention on speech production in children with autism: A systematic review. *American Journal of Speech-Language Pathology*, 17, p. 212-230, 2008.

SUNDBERG, M. L. *et al.* The role of automatic reinforcement in early language acquisition. *The analysis of verbal behavior*, v. 13, p. 21-37, 1996.

06

O HOMEM NÃO É UMA ILHA
ADOLESCÊNCIA, CÉREBRO E COGNIÇÃO SOCIAL (CS) NO TEA

Se o homem não é uma ilha e estamos cercados por pessoas, o que pode influenciar a socialização de adolescentes e adultos com transtorno de espectro autista (TEA)? Neste capítulo, vocês encontrarão conhecimentos sobre a adolescência, o cérebro e a cognição social (CS) no TEA, a partir da experiência vivida em atendimento clínico e estudos de neurociências.

MARIANA LEAL

Mariana Leal

Bacharel em Farmácia Bioquímica e em Psicologia. Mestre em Ciências da Saúde pela Universidade Estadual de Maringá. Terapeuta cognitivo-comportamental e Terapeuta de esquema, especialista em neuropsicologia e neuroeducação. Doutoranda em Promoção da Saúde. Docente e palestrante nas áreas da educação, neurociências e saúde. Trabalha com adolescentes e jovens, e orienta pais no processo para desenvolver um adulto independente e saudável.

Contatos
marianaleal.psicologa@gmail.com
Instagram: @marianaleal.psico
44 98444 1468.

> *Se as pessoas com autismo não têm habilidade para pensar sobre pensamentos, tanto os seus como os dos outros, então elas são como estrangeiros em uma terra estranha porque o mundo em que habitamos é um mundo social. Deve ser um lugar aterrorizante, imprevisível. Não é de surpreender que a criança com autismo lute contra ele, ou escape dele, física ou mentalmente.*
> FRANCESCA HAPPÉ

Certa vez, atendendo um paciente adulto com transtorno do espectro do autismo (TEA), estudante universitário, perguntei qual era o objetivo de buscar socializar. Ele, prontamente, respondeu: "O homem não é uma ilha, estamos cercados por pessoas"; continuei perguntando: "Será que o fato de estarmos cercados por pessoas garante que possamos interagir e nos conectar a elas?". Ele me respondeu que não e refutou que, além disso, temos mais um ponto muito importante: a globalização. O mundo ficou sem fronteiras, proporcionou o contato entre as pessoas mesmo a longas distâncias, em diferentes locais, podendo-se dormir à noite e, no outro dia, acordar em outra parte do mundo.

E ainda continuou dizendo que, associada à globalização, temos a internet, que proporcionou e facilitou a comunicação entre as pessoas, pois, independentemente da distância, só precisamos de um sinal eficiente e pronto: estamos conectados.

Fiquei observando sua resposta, na expectativa do que viria em seguida, e ele subitamente parou pensativo, com um olhar chateado, e afirmou: "Pensando bem, não entendo, estou o tempo todo on-line, já viajei pelo mundo, mas nunca tive alguém, sempre me senti sozinho e triste, o que será que tem de errado comigo?".

Nesse momento, senti-me apreensiva, pois a resposta envolvia múltiplos fatores que planejava trabalhar gradativamente em nossa terapia, então decidi distanciar a discussão das dificuldades que ele trazia e racionalizar com conhecimento científico. Expliquei que, nas últimas décadas, diversos estudos da neurociência têm tentado explicar o desenvolvimento cerebral sobre a observação e análises de crianças e adolescentes, o que proporcionou novos *insights* sobre o comportamento e a cognição, avaliando a função cerebral associada a processos sociais cognitivos e afetivos.

E continuei explicando que, assim como pesquisas envolvendo a compreensão dos fatores que estão associados à interação social, que são resultado do uso das habilidades que compõem a cognição social, o ser humano interpreta e processa as informações relativas ao mundo social e, para tanto, precisamos recorrer aos esquemas sobre nós mesmos, sobre os outros e sobre os papéis sociais enquanto mecanismos facilitadores a esse processo de interpretação. Isso gera um processamento da informação sobre o mundo social; e perguntei: "Você acha que esse processamento se desenvolve de maneira diferente em cada pessoa?".

Ele me respondeu que sim, mas que não sabia como algumas pessoas conseguiam desenvolver a socialização de uma forma e outras não, que relacionamento, por exemplo, era um tema muito complexo para ele. Esse jovem de 25 anos havia recebido o diagnóstico de TEA há seis meses; por muito tempo, não compreendia suas dificuldades, mas sofria com elas e com as comorbidades associadas, como depressão e ansiedade social. O diagnóstico permitiu um caminho terapêutico e uma compreensão quanto ao funcionamento, o que, segundo ele, gerou um grande alívio: "A dor de não conseguir se relacionar continua, mas, agora, pelo menos, tem um nome: autismo!".

Aproveitei o momento para fazer uma psicoeducação sobre TEA, explicando que, segundo o DSM-5 (APA, 2014), pessoas com autismo podem ter dificuldades em áreas do desenvolvimento que se referem à interação social, comunicação/linguagem e comportamento, com diferentes graus de severidade, pois há uma diversidade de quadros. No entanto, os critérios diagnósticos envolvem sempre déficits persistentes na comunicação e na interação social, como dificuldades em iniciar uma conversação ou responder ao outro e a comportamentos comunicativos não verbais que permeiam essa relação.

Contudo, refutei que, muitas vezes, mesmo adultos com desenvolvimento típico têm dificuldade em navegar por um complexo mundo social, envolvendo-se em interpretações errôneas de intenções e ações de outros indivíduos.

Atualmente, quando lemos sobre TEA, encontramos muitas informações sobre infância, diagnóstico e tratamento precoce; contudo, pacientes adolescentes e adultos com TEA, com quadros mais leves, acabam sendo negligenciados, pois apresentam sinais mais sutis e, por já terem passado da infância, acabam sendo menos encaminhados para avaliação e diagnóstico. No entanto, apresentam grande sofrimento e, muitas vezes, outras comorbidades associadas. Nesse sentido, o diagnóstico tem um papel de suma importância, pois proporciona o autoconhecimento e, além disso, o entendimento de suas capacidades e dificuldades, a compreensão sobre sua forma de pensar, sentir e se comunicar.

Direcionar meu foco de atenção para esse público tem sido um grande motivador de estudo e dedicação; assim, por causa desse interesse, neste capítulo são ilustrados alguns temas relevantes sobre o papel da cognição social no TEA em adolescentes e adultos.

Adolescência, cérebro e cognição social (CS) no TEA

A adolescência, enquanto etapa da vida, inicia-se com as mudanças corporais e termina com a inserção do indivíduo na sociedade adulta, a partir do seu desenvolvimento social, profissional e econômico.

Percebe-se, inicialmente, que esse conceito de adolescência se vincula à idade cronológica, referindo-se, principalmente, às mudanças do corpo físico. Contudo, apenas essas mudanças não transformam determinada pessoa em um adulto. É necessário considerarmos a existência e a necessidade de diversas outras mudanças e adaptações, por vezes, variadas, abstratas e menos visíveis, para que os jovens atinjam a maturidade, alcançando a autonomia. Incluem-se, aqui, alterações cognitivas, sociais e de perspectiva de vida. Trata-se de um período de transformações que repercute no indivíduo, em seu contexto familiar e social (SIEGEL, 2016).

E, assim como o corpo está em desenvolvimento, há inúmeros processos neurobiológicos na adolescência que levam ao desenvolvimento social, sendo esse o período mais significativo, no qual ocorrem as mudanças psicológicas em termos de identidade, autoconsciência e relacionamento com os outros.

Quando comparados com as crianças, os adolescentes são mais sociáveis, pois suas relações são mais complexas com os pares, sendo sensíveis à aceitação e à rejeição, buscando uma identificação. Então, pensar que, nesse período, são mais conectados aos amigos do que aos pais é muito saudável, pois é por meio dessas relações que o cérebro também se desenvolve, sendo muito importante, para o desenvolvimento psicológico, a identificação com um grupo social.

É nesse período, também, que ocorre o desenvolvimento de regiões cerebrais que envolvem a cognição social e a autoconsciência, por meio de um refinamento cortical, denominado *poda neural*, em uma hipótese de superprodução de sinapses que acontece no início da vida. De acordo com a atividade e uso, certos circuitos são mantidos e outros são podados; e, dessa forma, os neurônios morrem. É o que se chama de morte programada e eliminação de sinapses, quando vão sobreviver as sinapses mais utilizadas, tornando-as mais rápidas e potentes; isso é exatamente um cérebro ativo, em busca de aprender e com alta potencialidade (HERCULANO-HOUZEL, 2005; SIEGEL, 2016).

Contudo, o amadurecimento cerebral não é homogêneo e ocorre de modo gradual nas diferentes áreas do cérebro, sendo o córtex pré-frontal o último a se desenvolver em relação às outras regiões corticais.

Mas qual é a função do córtex pré-frontal? Ele está ligado aos processos cognitivos de ordem superior, como planejamento, resolução de problemas, flexibilidade cognitiva, memória de trabalho, monitoramento de comportamento e inibição. E alguns neurocientistas sugerem que o amadurecimento tardio dessa região é uma das explicações para o comportamento mais impulsivo dos adolescentes, somado à ação de sistemas de recompensa frontoestriatal, pois esses circuitos amadurecem cedo, tendo uma ação menor na adolescência e gerando o famoso tédio (HERCULANO-HOUZEL, 2005).

Nesse sentido, o córtex pré-frontal, assim como outras áreas cerebrais, está envolvido em habilidades sociais complexas, como na capacidade de reconhecer e julgar o estado mental. Mas, então, como acontece o desenvolvimento do cérebro em adolescentes com TEA? As informações acerca das alterações cerebrais em indivíduos com TEA ainda estão avançando e, com certeza, com os métodos neurocientíficos, irão ser mais esclarecedoras nos próximos anos. Uma revisão de literatura publicada na *Nature*, uma das revistas mais conceituadas no assunto, indicou alterações na organização minicolunar cerebral (neurônios menores e de maior densidade) (COSTA; ANTUNES, 2017).

Os déficits na cognição social em crianças, adolescentes e adultos com TEA também têm sido associados às anormalidades volumétricas nas regiões cerebrais da amígdala e da ínsula; contudo, os dados não comprovam seu aumento ou diminuição. Outro achado muito importante se refere às alterações funcionais do sistema nervoso. Estudos de neuroimagem funcional indicam perturbações em regiões relacionadas à cognição social.

Assim, na adolescência com TEA, as dificuldades e características variam conforme o grau de severidade do transtorno, ou seja, o indivíduo pode apresentar estereotipias e outros comportamentos repetitivos e/ou manter padrão rígido de organização. No entanto, a socialização chama muito a atenção em todos os casos.

Um dos pontos mais importantes diz respeito à cognição social (CS); indivíduos com melhores habilidades cognitivas acabam aprendendo as regras sociais mais por reconhecimento de padrões vantajosos do que por entendimento de conceitos e intenções. Indivíduos com TEA leve apresentam maiores prejuízos funcionais a partir do início da adolescência, exatamente pela maior necessidade do uso independente das habilidades sociais.

Atualmente, uma série de estudos está revelando que adultos com o diagnóstico de TEA tardio desenvolvem capacidades de mascaramento ou camuflagem, ou seja, habilidades de compensar as próprias dificuldades na tentativa de se encaixar em normas sociais estabelecidas na sociedade.

Há uma diversidade de estudos propondo quais áreas do cérebro estão envolvidas com a CS, que corrobora com o modelo proposto por Brothers (1990), que destaca três regiões envolvidas no cérebro social: a amígdala, as regiões orbifrontal e medial do córtex pré-frontal, além das estruturas occipitotemporais.

No início, o desenvolvimento sociocognitivo ocorre com atividades de baixa especificidade, com os circuitos cerebrais curtos, sinapses de mais curta distância, que participam de sistemas sensoriais e motores. À medida que os neurônios de diferentes regiões, tanto sensoriais quanto motoras, começam a fazer uma maior integração entre esses sistemas, possibilita-se o desenvolvimento de estruturas da cognição social, como características simples de detectar agentes da mesma espécie, imitação automática, seguimento de rosto com o olhar, coordenação entre atenção compartilhada e percepção de onde está a atenção do outro, indo com a busca.

Isso requer o desenvolvimento, também, do cognitivo; por exemplo, do controle inibitório do funcionamento executivo, desenvolvendo comportamentos mais complexos devido a maior integração entre sistemas sensoriais e motores, proporcionado habilidades cognitivas complexas e aprimorando as habilidades sociais.

Uma boa CS depende de uma conectividade efetiva; dessa forma, a ação de neurotransmissores é muito importante. O primeiro deles é a serotonina, da classe das monoaminas, que está espalhada por diversas regiões do cérebro; estudos indicam que é associada à percepção, à avaliação e à resposta de estímulos ambientais.

Outro neurotransmissor importante é dopamina, que também é uma monoamina, cuja ação parece estar ligada à regulação do comportamento diante da recompensa, ou seja, é a motivação.

Já o glutamato é um neurotransmissor excitatório do sistema nervoso central, responsável pela produção de GABA, que tem ação inibitória, sendo necessário para o desenvolvimento cortical.

Uma das contribuições da neurociência para o estudo da CS é a teoria de sistemas duplos de processamento, que entende que o processamento de informações ocorre em dois níveis: um automático e muito rápido, não acessível, visando à nossa sobrevivência, e outro mais vagaroso e controlado (EVANS, 2008).

Os processos controlados de informação têm como base funções executivas, que estão relacionadas à ação do córtex pré-frontal, integradas com outras áreas corticais e subcorticais, como o sistema límbico, responsável pelas respostas emocionais. Processos automáticos e controlados trabalham de maneira integrada e vários dos nossos problemas são resolvidos de maneira automática, como sorrir ao ver um amigo, sendo também envolvidos na percepção de justiça ou na regulação emocional.

A CS de um indivíduo na adolescência necessita lidar, de modos mais complexos, com diferentes contextos: sua própria mente, outros indivíduos, indivíduos específicos (família, amigos, colegas de classe, entre outros), grupos, organizações e seus membros individuais. Para tanto, requer uma rede de relações entre CS e funções executivas, como planejar e organizar suas próprias ações e reconhecer que outros também planejam e organizam as suas nos lugares da educação, cultura, memória operacional e memória de longo prazo.

É a capacidade de inferir acerca do estado mental de terceiros (tomada de perspectiva), de saber o que o outro pensa. Essa capacidade assume um caráter progressivo quanto a sua complexidade e requer, além de outras funções cognitivas, experiências vivenciadas.

Nessa perspectiva, muitos estudos têm contribuído para entender a CS e as dificuldades de pacientes com TEA. Os avanços das neurociências vão elucidar ainda mais o que parece ser uma direção de pesquisa necessária para o futuro.

E, para finalizar, voltando ao meu paciente do início, o que dizer a esse jovem com TEA? A resposta é que temos um caminho a percorrer juntos; o diagnóstico é parte de um processo de reabilitação, estimulação e plasticidade cerebral, e eu, enquanto profissional, com empatia, amor, cuidado e dedicação, irei mediar esse processo de construção do desenvolvimento das funções da cognição social, uma vez que é nesse processo que o paciente pode se formar um sujeito ainda mais autônomo e comprometido consigo mesmo e com os outros que estão ao seu redor.

Pois, como ele mesmo disse, "o homem não é uma ilha"; estamos cercados por pessoas, mas se sentir pertencente ao mundo social é algo muito diferente e pode ser aterrorizante e imprevisível. Precisamos contribuir para favorecer esse processo, enquanto sociedade que acolhe e inclui!

Referências

AMERICAN PSYCOLOGICAL ASSOCIATION (APA). *Manual diagnóstico e estatístico de transtornos mentais: DSM-5*. Porto Alegre: Artmed, 2014.

BROTHERS, L. *The neural basis of primate social communication*. Motivation and Emotion, 1990.

COSTA, A. J.; ANTUNES, A. M. *Transtorno do Espectro Autista: na prática clínica*. Pearson, 2017.

EVANS, J. S. B. *Dual processing accounts of reasoning, judgment, and social cognition*. Annual of Psychology, 2008.

HAPPÉ, F. G. *Autism: cognitive deficit or cognitive style?* Trends in Cognitive Sciences, 1999.

HERCULANO-HOUZEL, S. *O cérebro em transformação*. São Paulo: Objetiva, 2005.

MECCA, T. P.; DIAS, N. M.; BERBERIAN, A. A. *Cognição social, teoria, pesquisa e aplicação*. São Paulo: Memnon, 2017.

SIEGEL, D. J. *Cérebro adolescente*. São Paulo: nVersos, 2016.

07

SEU ESTILO PARENTAL E AS INFLUÊNCIAS NA CRIAÇÃO DOS FILHOS

Neste capítulo, compreenderemos quais são os estilos parentais, seus impactos e como identificar esses estilos no seu dia a dia.

MARILAN BARRETO BRAGA

Marilan Barreto Braga

Psicóloga. Especialista em crianças e adolescentes. Especialista em terapia cognitivo-comportamental. Especialista em psicologia escolar. Psicopedagoga. Educadora parental em disciplina positiva. Especialista em habilidades sociais, estilos parentais e treino de pais. Especialista em disciplina positiva para crianças com deficiência. Atua em consultório com acompanhamento psicoterapêutico individual e oficinas de treinamento em habilidades socioemocionais com crianças e adolescentes. Trabalha com atendimento e diagnóstico multidisciplinar e coordena o AMAR – Centro Multidisciplinar em Educação Inclusiva, projeto de sua autoria. Mãe e apaixonada por crianças. Acredita que o cuidado e o amor pela infância transformam o mundo.

Contatos
marilanbbraga@gmail.com
Instagram: @marilanbraga
Facebook: psicologamarilanbraga
71 99901 1075 (WhatsApp)
74 3661 5432

> *A criança começa a perceber o mundo não só através de seus olhos, mas também através de seu discurso.*
> LEV VYGOTSKY

Estudos desenvolvidos ao longo dos anos mostram que o estilo parental dos pais, ou seja, a maneira como os eles lidam e educam seus filhos, tem um forte impacto na formação de aspectos emocionais, socioemocionais e comportamentais desses filhos. Os estilos parentais são formados por um conjunto de atitudes, ações e práticas dos pais, que caracterizam aspectos da interação entre pais e filhos, como: tom de voz, expressões faciais, linguagem corporal, mudança de humor e práticas para corrigir e incentivar os filhos. Conseguir identificar o estilo parental e compreender o impacto das características desse estilo a curto e a longo prazo na vida dos filhos pode ajudar os pais a escolherem e praticarem atitudes mais construtivas e saudáveis para a relação familiar e para o desenvolvimento das crianças.

Estilos parentais e quais são seus impactos

Vamos conhecer quatro estilos parentais:

Estilo parental autoritário

Esse estilo parental é marcado pelo excesso de firmeza e ausência de gentileza e afeto. Os pais que exercem esse estilo parental costumam impor regras rígidas e exercer controle extremo sobre os filhos. A relação com pais que exercem esse estilo parental é baseada em medo e pressão. Pais autoritários não abrem espaço para diálogo ou discussão, acreditam que a última palavra sempre precisa vir deles e são eles que sabem sempre o que é melhor para os filhos.

Costumam ser pais dominadores e educam segundo as suas próprias necessidades. As exigências desses pais estão sempre acima das necessidades e dos desejos dos filhos. Pais que exercem um estilo parental autoritário são exigentes e inflexíveis, têm a necessidade de estarem sempre no controle da situação e, frequentemente, levam o comportamento da criança para o lado pessoal e acham que são superiores, por isso as crianças lhes devem respeito, gratidão e obediência. Nessas relações o medo se sobrepõe ao respeito.

Implicações

Os efeitos que esse estilo parental têm sobre os filhos são de curto e longo prazo, assim como todos os outros; dessa forma, podemos encontrar crianças e adultos que:

- Apresentam ansiedade e se sentem inseguros.
- Pessoas com baixa capacidade de resolver problemas e conflitos. por crescerem em um ambiente onde quem tem razão é quem é mais forte, essas pessoas desenvolvem a crença de que precisam ser mais fortes, falar mais alto, impor-se mais, para, então, conseguir o "respeito" e sair dos conflitos de maneira vitoriosa.
- Desenvolvem autocrítica muito grande e se sentem constantemente desmotivados, pois foram habituados a terem sempre uma motivação externa. dessa forma, não conseguem encontrar motivações internas para alcançar o que almejam.
- São crianças ou adultos dependentes da aprovação dos outros. sentem-se constantemente inseguros se estão fazendo

certo ou errado e precisam que alguém lhes diga o que fazer e como fazer, para sentirem que estão fazendo o certo.
- São pessoas com dificuldades de tomar decisões. Por sempre terem tido uma pessoa que lhes dissesse "o que fazer" e "como fazer", essas pessoas não desenvolvem a habilidade de tomada de decisões e têm dificuldades de se posicionar e escolher o que acham melhor.

Estilo parental permissivo

Esse estilo parental é marcado pelo excesso de gentileza e afeto e a ausência da firmeza. Levando em consideração que a gentileza é importante para demonstrar respeito pela criança e a firmeza demonstra respeito pelo adulto, os pais que exercem esse estilo parental por vezes são desrespeitosos consigo mesmos, aceitando imposições das crianças ou se sentindo culpados pelas frustrações e comportamentos desafiadores dos filhos.

Pais permissivos são pais amorosos, carinhosos e atenciosos, que se preocupam com as necessidades emocionais dos filhos, escutam e demonstram interesse. Eles podem sugerir regras e limites, mas não conseguem ser consistentes diante de algum sinal de desconforto da criança. E, ainda, pais que vieram de uma educação muito rígida podem decidir não educarem da mesma forma que foram educados, partindo para o outro extremo, que é a permissividade.

Implicações

Os impactos desse estilo parental na vida de crianças, adolescentes e adultos podem fazer que eles:

- Tenham dificuldades para aceitar regras e limites por serem crianças que conseguem aquilo que querem com facilidade.
- Desenvolvam a crença de que os outros possuem a obrigação de atender a seus desejos e suas necessidades.

- Tenham a sensação de que a vida não é segura e acreditem que dependem das outras pessoas para satisfazerem suas necessidades e lhes oferecerem o que precisam.
- Tenham tendência a ter pouca autodisciplina e autorresponsabilidade e ainda dificuldades de regular suas emoções.
- Possuam baixa autoestima e possam ser vistos como preguiçosos por dependerem de outras pessoas para realizarem o que precisam.
- Não desenvolvam responsabilidade social e, por perceberem que estão no comando da situação, acabem aprendendo a manipular seus pais, não de modo consciente ou proposital, mas simplesmente porque entendem a dinâmica familiar e como podem fazer para conseguirem o que desejam.

Estilo parental negligente

Esse estilo parental é marcado pela ausência de qualquer um dos três pilares que norteiam os estilos parentais, gentileza, firmeza e afeto. Os pais que exercem esse estilo parental não assumiram o seu papel de mãe/pai e responsável pelos filhos e pela relação; são pais que acham que os filhos não precisam de suas intervenções e conselhos, e acreditam que eles aprenderão o que precisam aprender com as próprias experiências na vida. São pais que se envolvem pouco com os filhos e respondem somente às necessidades básicas da criança, mantendo-as, muitas vezes, distantes física e emocionalmente. Não suprem as necessidades físicas, emocionais, sociais e intelectuais da criança e estabelecem uma relação funcional com os filhos, fazendo o mínimo ou nada.

Implicações

Esse estilo parental leva crianças e adultos a desenvolverem crenças e comportamentos como:

- Acham que não são vistos, não são importantes nem amados.

- Acham que não merecem a atenção e o amor das pessoas.
- Acreditam que não vale a pena que as pessoas insistam ou invistam neles, que eles são um caso perdido.
- Não se acham dignos de serem amados e cuidados.
- Não aprendem a cuidar e amar a si mesmos, justamente por não se sentirem dignos do amor.
- Têm uma baixa autoestima e são crianças e adultos extremamente inseguros e inconstantes.
- Tendem a serem rebeldes e a terem atitudes mais destrutivas para si mesmos e para os outros, como vícios e contato sexual precoce.
- Costumam buscar afetividade em amigos e companheiros.
- Não aprendem sobre limites e não se sentem compreendidos.

Estilo parental assertivo

Esse estilo parental é o que a disciplina positiva ajuda os pais a praticarem. Ele é definido pelos três pilares que norteiam os estilos parentais; e esses três pilares – gentileza, firmeza e afeto – estão presentes no dia a dia da família que exerce a parentalidade consciente e assertiva. Dentro da relação com pais assertivos, a criança tem a possibilidade de tomar decisões que são compatíveis com sua capacidade e maturidade.

São pais que não se acham superiores ou mais importantes que seus filhos, mas que incentivam um relacionamento horizontal, no qual a criança tem liberdade e limites. Esses pais acreditam que privilégios são acompanhados de responsabilidades; dessa forma, alguns privilégios só podem ser oferecidos quando os filhos possuem capacidade e maturidade para lidar com tais responsabilidades. Gentileza, firmeza e afeto andam sempre juntos na relação com esse estilo parental. Ainda que os filhos apresentem comportamentos desconfortáveis e desafiadores, os pais se esforçam para acolherem o que a criança sente e direcioná-la para comportamentos aceitáveis e adequados diante de situações e emoções desafiadoras.

Implicações

O estilo parental assertivo é o que promove mais fatores positivos no desenvolvimento das crianças a curto e longo prazo em relação aos outros estilos e gera crianças e adultos que:

- Apresentam melhores habilidades de comunicação.
- Sentem-se amados, vistos e respeitados e costumam ser mais cooperativos no ambiente familiar e em outros contextos.
- Apresentam maior autoestima.
- Têm maior capacidade de regulação emocional e autocontrole. Não são crianças e adultos isentos de errar, porém aprendem a aprender com seus erros.
- Têm maior resiliência e capacidade de tentar de novo, mesmo após um erro ou fracasso.
- Respeitam a opinião dos outros, independentemente se os outros compartilham ou não da mesma opinião.
- Sentem-se capazes de se envolver e realizar coisas novas e de tomar decisões.
- Não se sentem obrigados a serem perfeitos e a corresponder sempre às expectativas dos outros.
- Mostram mais autonomia, autoconfiança, responsabilidade social e autorresponsabilidade.

Como identificar os estilos parentais no seu dia a dia

- **Estilo autoritário:** a criança e o adolescente se tornam indivíduos passivos, com baixa autoestima, empáticos, obedientes, resultados escolares médios/bons e geralmente desenvolvem problemas emocionais.

Como identificar: falta conexão, um olhar afetuoso para dentro de si, compreensão, aceitação, levar em consideração a sua verdade interior, aceitar a própria vulnerabilidade, questionar os padrões aprendidos e aprender a se amar de maneira incondicional, mesmo quando tudo parece ir de mal a pior.

- **Estilo negligente:** os lares de pais negligentes apresentam ausência de normas e afeto, o que não encoraja obediência ou cooperação. A criança ou adolescente apresenta baixas competências sociais, emocionais e cognitivas, e também baixos resultados escolares e desordem de conduta.

Como identificar: os pais não se envolvem nas suas funções parentais, havendo uma falta de responsabilidade crescente ao longo da vida da criança, mantendo apenas a satisfação de necessidades básicas (físicas, sociais, psicológicas e intelectuais). Por terem pais não envolvidos, as crianças estão propensas, na adolescência, a se envolverem com substâncias e terem contato sexual precoce.

- **Estilo permissivo:** a criança e o adolescente se tornam exigentes, com boa autoestima, baixa empatia, resultados escolares baixos ou médios, tendo problemas de comportamento.

Como identificar: os pais são mais amigos dos filhos do que pais, são carinhosos, sempre prontos a apoiar e encorajar os filhos, porém a permissividade pode prejudicar os filhos no futuro; funcionam como recursos para os desejos das crianças e não como modelos. Nesse estilo existe a ausência de normas, não encorajando qualquer obediência. Futuramente, a criança e o adolescente se tornam um adulto que entende que tudo pode, pois seus pais sempre lhe deram tudo e ele pode fazer tudo.

- **Estilo assertivo:** a criança se torna líder, possui altas competências sociais e emocionais; ela é autorregulada e socialmente responsável, com excelentes resultados escolares, curiosa, criativa e muito eficaz.

Como identificar: os pais apresentam uma comunicação positiva e otimista, conseguem adequar a sua atitude à especificidade da criança, no tocante à sua idade e a motivações, fazendo exigências de maturidade concordantes com as capacidades e os interesses da criança.

Como posso agir?

Você, como mãe ou pai, pode ter percebido ao longo deste capítulo que pode apresentar atitudes de todos os estilos parentais, dependendo do momento e da fase pela qual está passando. Você pode ter atitudes de todos esses estilos parentais em momentos diferentes, ou em períodos diferentes do dia; porém, o que é válido para te ajudar a identificar seu estilo parental é perceber em qual desses estilos você mais permanece.

Você pode notar até mesmo que pode ter estilos parentais diferentes com seus filhos, pois a relação com o seu filho também influencia no estilo parental que você assume. Isso acontece quando o seu estilo parental é influenciado diretamente pelo comportamento do seu filho e não por uma decisão consciente sobre quais práticas são mais saudáveis e assertivas para lidar com os filhos, independentemente do comportamento que eles apresentem.

Além disso, fatores psicológicos e momentos delicados da vida também influenciam no papel parental que você assume. Situações e fases mais turbulentas e com maior estresse podem te fazer assumir um papel que te desagrade e que te afaste da parentalidade que você busca praticar.

Se você se identificou hoje com um estilo parental que não é o que gostaria de exercer, e foi inundado por culpa e peso, eu quero te lembrar que você tem dado o seu melhor como mãe/pai e tem hoje a possibilidade de começar a praticar o estilo parental que deseja assumir e que seja mais saudável para seu filho. A culpa é um sentimento como outro qualquer, e não se pode defini-la como um sentimento ruim, pois ela pode ser um catalisador de mudanças quando você é capaz de usá-la para se movimentar e dar o primeiro passo em direção ao que deseja alcançar.

A parentalidade consciente e o estilo parental assertivo não são um objetivo que conseguiremos alcançar com perfeição, objetividade e rapidez, é um caminho, uma jornada contínua, e esse caminho é real e possível; por isso ele é aberto para erros e sentimentos, sejam eles quais forem. Nesse caminho, você tem a possibilidade de enxergar os erros como oportunidades de aprendizado, como coragem para praticar novas ações, com a vontade de fazer diferente e alcançar novas experiências nas relações familiares e na sua relação individual com o seu filho.

Todos os dias temos novas oportunidades. Aproveite todos os momentos com seus filhos.

Com carinho,

Marilan Braga

08

UM OLHAR QUE TRAZ VIDA!

O desenvolvimento de nossas crianças está focado na direção do nosso olhar. Valorizar e olhar para as pequenas conquistas diárias é o que tornará a jornada mais leve para viver o processo dia a dia, sem se preocupar com o resultado do amanhã, pois ele é incerto. A ansiedade que existe é a nossa mente indo mais rápido do que a nossa vida. Isso acontece muito na maternidade atípica; portanto, quando precisar, respire fundo e não deixe que o seu maternar se resuma ao medo do futuro.

MARLENE SILVA E JESSICA CARDOSO

Marlene Silva

Natural de Minas Gerais, empresária, psicóloga e pedagoga. Há mais de 20 anos, desenvolve trabalhos nas áreas clínica e escolar. Mãe de dois filhos, vive, hoje, a expectativa de ser avó. Seu propósito de vida é fazer a diferença de maneira positiva na vida das pessoas, proporcionando desenvolvimento pessoal e interpessoal.

Contatos
psicologamarlenesilva5@gmail.com
Instagram: @eumarlenesilva / @serpaisermae

Jessica Cardoso

Mãe de duas filhas. Meu propósito de vida é ver o desenvolvimento pleno da minha filha, Maitê, e poder contribuir com outras mães que passam pela mesma jornada que a minha.

Contatos
Jessica_marcos1305@icloud.com
Instagram: @jehlivia

> *A aparência das coisas muda de acordo com as emoções; e, assim, vemos magia e beleza nelas, quando a beleza e magia estão, na verdade, em nós.*
> KAHLIL GIBRAN

O que eu vejo e o que eu sinto

Conhecer o bebê Joel foi um dos maiores presentes de Deus. Quando chegou para nós era uma criança apática, parecia não estar de fato neste mundo, sem expressão, sem sentimentos.

Em nosso trabalho pedagógico, logo surgiram os primeiros resultados e Joel já se expressava mais com o corpo, brincando e explorando os brinquedos ao seu redor. Mas, de onde estava vindo tamanha transformação? Uma atividade nos chamou muita atenção: a hora do banho, pois parecia que ele aguardava ansiosamente por esse estímulo. Ele começou a fazer interação com a água, com os brinquedos na banheira e, mais tarde, com quem dava o banho nele. Tínhamos a sensação de que o banho havia se tornado um "banho terapêutico".

Lúria, em 1991, coloca que "cada sensação humana percebida por um dos cinco sentidos tem base no emocional mais antigo de cada pessoa". Através do corpo, podemos sentir diferentes sensações, e a pele é o principal órgão responsável pela percepção sensorial táctil. Sensação é a reação física do corpo ao mundo físico em que vivemos. Ela é considerada o ponto de partida para a construção da experiência e do saber.

Aqui, quero também destacar o sentido da visão, pois pelo olhar podemos amar e compreender o outro, construir nossa subjetividade, possibilitando enxergar a totalidade e o jeito que vamos educando o nosso olhar desde criança. É a história de nossa vida que vamos contar.

Sobre o olhar que tivemos com o Joel e os atrasos percebidos no seu desenvolvimento, como atrasos de fala, o andar na ponta dos pés, o interesse por brinquedos que giravam, por enfileirar as peças de monta-monta, foram observações que relatamos à família, que prontamente buscou ajuda profissional. Acredito que essa ação da família tenha sido um dos grandes diferenciais no tratamento precoce e em seu diagnóstico de espectro autista.

Uma das primeiras evoluções para mim é a que fez e faz a grande transformação nas demais. Direcionar o olhar, fixá-lo para o olhar humano foi a habilidade que Joel desenvolveu ainda no primeiro ano de vida. A pergunta aqui é: para onde ele estava olhando com tanto amor? Ou o que procurava em seu olhar? Com um olhar mais psicológico, poderia ser o inverso? Com mais confiança em si, no ambiente e no vínculo afetivo formado, ele desenvolveu mais a sua autoestima, e assim direcionou seu olhar para um outro olhar humano?

Foi assim que percebemos a habilidade do olhar desenvolvida em Joel, que logo começou a explorar novos ambientes e interagir mais, mesmo que de maneira aleatória; e seus avanços se tornaram significativos à medida que desenvolvia sua primeira infância. Sua formatura na educação infantil foi linda.

Buscando compreender esse transtorno do neurodesenvolvimento que causa implicações nas áreas de comunicação e interação social, vimos que vários estudos científicos têm pesquisado uma causa para o transtorno espectro autista, e, mesmo diante de tantos estudos, ainda não existe uma resposta certa e comprovada, sendo estudos que desafiam o conhecimento sobre a natureza humana, visto que não há um fator único de causa, mas sim uma interação de fatores genéticos e ambientais.

Olhar preventivo

Quero propor um olhar preventivo a partir do momento em que a mulher tem a consciência de que se tornará mãe, e no pré-natal o estado da saúde mental também precisa ser valorizado. Sendo assim, o pré-natal não deveria cuidar somente da saúde física da mãe e do bebê, mas ter como obrigação englobar o cuidado com a saúde emocional da futura mamãe. Avançando nesse cuidado, o processo de escuta afetiva deve acontecer no período de gestação e no pós-parto, possibilitando assim um melhor suporte à saúde mental da mãe e do bebê, pois juntos constituem uma unidade psíquica.

Um olhar nocivo: tempo de telas *vs.* TEA

Outro olhar preventivo e necessário direcionado à criança com o TEA é reavaliar o uso e o tempo que passam diante das telas (aparelhos eletrônicos). Segundo Desmurget (2023), "excesso de telas com fins recreativos causa atrasos de desenvolvimento", pois não há modulação sensorial e o excesso de estímulos pode causar agitação, irritação e agressividade.

Esse tempo deve ser reservado para terapias multidisciplinares, escolas e para interações intrafamiliares, com atividades interativas como leitura, jogos de movimentos e tabuleiros, provocando a interação verbal e a conexão humana, com a família exercendo a função de mediadora do desenvolvimento. Por isso o atendimento psicológico para os pais é de suma importância. "A exaustão de uma mãe atípica é uma exaustão emocional que é pior do que a física. Por mais que você descanse, ela ainda estará lá, já que o esgotamento não vem do corpo e sim da alma" (FONSECA, 2023).

O olhar da não rejeição

Mediadores do desenvolvimento. Olhares que acolhem, que nutrem de afeto, amor e que alimentam a alma, com a finalidade de preencher um vazio inconsciente existente. Os profissionais da saúde, educação e familiares devem funcionar como um elo entre o mundo externo e o interno da criança, por meio de uma relação que colabora para a ressignificação das primeiras experiências de vida. Para isso é importante que haja uma situação nova de vínculo afetivo, em um ambiente que favoreça a aceleração do processo de evolução.

No olhar da não rejeição, meu olhar para eles é anticapacitista, pois são capazes de nos propor os maiores ensinamentos e aprendizados para nossa evolução. São dotados de habilidades, talentos e estão prontos para colocarem o seu melhor em prática. Precisamos buscar mais conhecimento para encontrar o melhor caminho e sermos os melhores mediadores do desenvolvimento para nossas crianças neuroatípicas.

Um olhar que acolhe

"O processo de aceitação é uma forma poderosa para evoluir. Se eu não aceito que preciso de ajuda, seja em uma dificuldade de saúde, no relacionamento e ou desenvolvimento, não irei sair da crise. Pode doer do jeito que for, mas aceitar será o passo inicial para a saída. Acredite, é real, tomar consciência disto fará toda a diferença" (JRM).

Olhe que importante: a aceitação é uma aceleração e você não está atrasado nem adiantado, está no seu tempo de evolução. Ou seja, não tem atraso e sim um processo de evolução sendo desenvolvido.

Mãe, pai, profissional da educação, profissional da saúde, seu filho(a), aluno e/ou paciente precisam do seu olhar, pois é por meio dele que ganham vida e conhecem o mundo.

Relato de vida – eu vejo você!

Sou a Jéssica Cardoso, casada, 32 anos e mãe da Lívia, de 13 anos, e da Maitê, de 4 anos.

No dia 6 de dezembro, dei à luz uma menininha linda, com seus 2,995 quilos e 47 centímetros de pura fofura, a Maitê!

Maitê era uma bebê bem agitada, não quis pegar o peito de imediato nem depois. Desde sua chegada em casa até os três meses, ela não dormia tranquilamente, chorava muito toda noite; depois, até aproximadamente seis meses, ela continuava não dormindo bem à noite, estranhava muito todo mundo, mas, a meu ver, nada que não pudesse ser considerado dentro da "normalidade" para alguns bebês.

Em 2019, com o surgimento da pandemia de covid-19, decretada a situação de isolamento social, permanecemos recolhidos e, então, nesse período, o convívio social que ela tinha era somente conosco dentro de casa. Aparentemente, ela vinha se desenvolvendo bem: aos oito meses começou a engatinhar; aos 11 meses balbuciava algumas palavras; e com um ano começou a querer andar. Tudo estava relativamente bem até que passei a observar alguns comportamentos diferentes. Ali comecei a perceber que a minha filha interagia diferente de outras crianças da idade dela.

Em busca de respostas, comecei a pesquisar. Como tinha a minha filha mais velha como referência e parâmetro, passei a ler sobre atraso de fala, já que a Lívia com um ano já falava e a Maitê ainda não; pesquisei sobre todos os comportamentos e sinais atípicos que Maitê vinha apresentando, e as respostas a cada pesquisa traziam um diagnóstico possível: AUTISMO.

Eu, querendo me esquivar, pensava: "Ah, fico pesquisando essas coisas na Internet e agora estou aqui vendo essas respostas nada a ver!" – os dias foram se passando e a Maitê continuava sem falar, muito chorona; continuava com alguns comportamentos diferentes.

Até que um dia precisava sair e a deixei sob os cuidados da avó. Quando fui buscá-la, minha mãe me chamou para conversar e abordou sobre a Maitê não atender quando chamada pelo nome e evitar o olhar nos olhos; nesse momento me abri e conversei com minha mãe sobre o assunto, ao final da conversa perguntei se ela, assim como eu, também achava que poderia ser autismo e a resposta dela foi um sincero sim. Ao chegar em casa naquele dia, muito pensativa, fiquei imaginando qual seria a melhor maneira de tocar no assunto com meu marido; criei coragem e o chamei para a conversa. À medida que falávamos, ele sempre respondia: "Imagina! Ela não tem nada, não… É só uma fase!". Ainda assim, falei que já estava decidida a procurar ajuda de um especialista; imediatamente, marquei uma consulta com um neurologista e iniciamos a investigação. A cada passo o meu coração já gritava: "Sim, ela é autista, tenho que me preparar!".

A investigação inicial durou mais ou menos um mês até o relatório final com o resultado. Lembro, como se fosse hoje, a angústia da espera, tentando me preparar emocionalmente para ouvir o que eu (intimamente) já sabia que estaria escrito; tomei coragem e entrei no consultório; a médica responsável começou, então, a me mostrar os dados da avaliação e leu o resultado, confirmando o diagnóstico de autismo e já com as diretrizes para iniciar o tratamento… O "baque" veio forte, mas a vontade de lutar pela minha filha era muito maior. Minha cabeça foi de zero a mil em um segundo! Entrei no carro e, imediatamente, enviei uma foto do relatório para o meu marido, no qual estava escrito que ela era autista; respirei fundo e dirigi até em casa com a certeza de que eu precisava ser forte, por mim, pelo marido, pela filha mais velha e forte para ensinar minha filha a ser forte. Contei sobre o autismo para nossa família e admito que, para o pai dela, foi mais doloroso digerir a situação... Mas não me abati. Logo no dia seguinte, comecei a procurar por clínicas de terapias em escolas e tudo o que fosse indicado para o desenvolvimento dela; ligava numa clínica: não atendia o nosso convênio, somente particular; ligava em outra e era a mesma resposta. E eu perguntava: "Meu Deus, o que vamos fazer? Ao mesmo tempo, buscava escolas que aceitassem crianças com essa condição. Já com um diagnóstico confirmado, visitei muitas escolas; algumas diziam que aceitavam, outras sequer faziam questão de apresentar a escola, pois não aceitavam crianças autistas. Pois bem, achamos uma escola que, no começo, foi tudo às "mil maravilhas": a Maitê começou a frequentar a escola e, a princípio, parecia que gostava de ir. Havia uma professora lá por quem ela se sentiu acolhida; ela ficou nessa escola por aproximadamente seis meses. Com o passar do tempo, a Maitê mudou: começou a chorar muito para ir à escola. Foi quando comecei a observar melhor e acabei por perceber algumas coisas não tão legais assim que me fizeram repensar a permanência dela ali. Nessa mesma época, depois de muita diligência, conseguimos, finalmente, uma clínica multidisciplinar especializada em cuidados e tratamento de crianças com autismo. Resolvi tirá-la da escola e permanecer integralmente com os programas e atividades daquela clínica.

Maitê continuava muito sensível, sempre chorosa, entrava em crise com muita facilidade; ficou mais ou menos seis meses nessa rotina, indo apenas para a clínica. Já nesses primeiros seis meses de terapias, era notável a mudança de comportamento. A Maitê aprendeu a apontar as coisas que queria, e esse foi um dos primeiros ganhos dela que me emocionou muito (lembro-me de o quanto chorei...), um momento muito especial, pois ali senti que a minha vontade de lutar por ela, e com ela, só aumentava.

Desde que recebi o diagnóstico, nunca olhei ou tratei a minha filha como uma criança diferente, sempre houve para ela limites e regras, nunca nos privamos enquanto família de fazer absolutamente nada. Viajando muito juntos, hoje conhecemos oito estados brasileiros, sendo que algumas dessas viagens fizemos de carro e outras de *motor home*, o que prova que uma família atípica não precisa de limites ou privações. Minha filha continuava a ser uma criança sem fala (e, de verdade, isso me consumia), mas sempre me mantive confiante na crença de que a Maitê iria sim, no seu tempo, aprender e desenvolver a fala.

Em 2021, entendendo que a escola era necessária para ela, tomei coragem e decidi procurar novamente (e, de novo, a mesma coisa: quando falava que se tratava de uma criança autista, a tratativa mudava, algumas nem terminavam de me mostrar a escola; outras ficavam de retornar para confirmar a disponibilidade de vaga etc.), até que fui visitar uma escola muito perto de casa, com uma aparência bem aconchegante e decidi levar a Maitê nessa visita. Foi amor à primeira vista. Fiz a matrícula imediatamente, pois era urgente estabelecer uma parceria escola-terapias multidisciplinares, para que ela evoluísse no seu desenvolvimento.

Enfim, a mudança começou em 2022: minha filha passou, finalmente, a falar as primeiras palavrinhas; começou a entender e aceitar alguns comandos.

Hoje eu testemunho o desenvolvimento da Maitê; às vezes é até difícil de acreditar o quanto minha filha tem evoluído, o quão importante é a dedicação em levá-la diariamente às terapias, o quanto eu sou grata por poder proporcionar isso, por estar dirigindo com ela no banco de trás e ela cantando para mim, o quanto é gratificante ir à festinha da escola e vê-la se apresentando junto com os amiguinhos.

A (minha) vida atípica me deu também alguns presentes: trouxe-me amigos verdadeiros, experiências inéditas e inesquecíveis; trouxe-me muita esperança e conhecimento. Sou, sinceramente, grata a cada amigo verdadeiro que participou e/ou ainda participa da nossa trajetória, cada profissional que surgiu nos lugares certos e nas horas certas, os que estiveram e os que ainda estão na vida da Maitê, sem os quais tudo teria sido diferente, mais difícil ou até impossível. Tenho gratidão pela dedicação de todos.

Imensa gratidão à família: às irmãs Gabi e Lívia, aos avós, tios, tias e todos os que a compõem. Sem a rede de apoio que todos nos oferecem, certamente não caminharíamos; sem a compreensão e o amor de todos, não conseguiríamos avançar.

Referências

DESMURGET, M. *A fábrica dos cretinos digitais: o perigo das telas para nossas crianças.* São Paulo: Vestígio, 2023.

FONSECA, C. *Querida mãe atípica: tudo o que eu gostaria de te dizer.* São Paulo: UICLAP, 2023.

SILVA, J. M. da. *A importância de trabalhar os sentidos na educação infantil compactuando com as práticas pedagógicas.* VII CONEDU – Conedu em casa. Campina Grande: Realize Editora, 2021. Disponível em: <https://editorarealize.com.br/artigo/visualizar/80715>. Acesso em: 30 jun. de 2023.

09

UM NOVO OLHAR PARA O AUTISMO NA ATUAÇÃO COM O MÉTODO PADOVAN DE REORGANIZAÇÃO NEUROFUNCIONAL

Abordaremos diferentes teorias sobre o autismo e sobre como a pandemia aumentou casos e suspeitas em crianças. Preocupo-me em ajudar crianças e pais nas áreas terapêutica e emocional por meio do Método Padovan de Reorganização Neurofuncional, uma abordagem terapêutica que recapitula as fases do neurodesenvolvimento para habilitar ou reabilitar o sistema nervoso, baseando-se no ANDAR, FALAR e PENSAR.

REGIANE TANDELLO

Regiane Tandello

Formação em Fonoaudiologia na Universidade Camilo Castelo Branco desde 1997; especialização em Fonoaudiologia Clínica; formação no Método Padovan de Reorganização Neurofuncional. *Coaching* pessoal e empresarial. *Practitioner* e *master* em programação neurolinguística (PNL). Consteladora familiar sistêmica e organizacional. Professora de eneagrama (perfil comportamental).

Contatos
regianetandello@gmail.com
Instagram: @tandelloregiane
11 99117 8733

O autismo, ou transtorno do espectro autista (TEA), se caracteriza por um Transtorno Global do Desenvolvimento (F. 84, CID-11), aparecendo nos primeiros anos de vida e comprometendo a comunicação e a interação social.

De acordo com dados atualizados do CCD (Centro de Controle e Prevenção de Doenças), o autismo afeta um em cada 44 pessoas em todo o mundo. No Brasil, estima-se que existam dois milhões de autistas, com diversos casos diagnosticados, alguns com características leves, chegando a haver algumas pessoas que levantam suspeitas apenas na vida adulta, devido à dificuldades de interação social, excesso de timidez e comportamentos metódicos.

Em minha prática de atendimento em consultório, observei que alguns pais traziam seus filhos para avaliação fonoaudiológica e identifiquei comportamentos autísticos nos próprios pais, que acabaram passando despercebidos durante a infância e foram adaptados de modo sutil. Perguntamo-nos por que isso ocorre, e acredito que, atualmente, há uma maior atenção para esses transtornos, o que resultou em um significativo crescimento nos estudos sobre o autismo, proporcionando um novo olhar de compreensão das pessoas.

Dois fatores são relevantes: o avanço significativo nos estudos científicos e o aumento de casos suspeitos de autismo após a pandemia de covid-19. Como terapeuta, observei uma procura crescente por avaliações de crianças nos últimos meses, indicando um aumento considerável nos casos de suspeita de autismo.

Pode parecer estranho, mas acredito que a energia existe em todo o planeta Terra, e até mesmo além dele. No que diz respeito à energia, tenho a convicção de que as crianças autistas vibram em uma frequência muito diferente da nossa, como se fossem estações de rádio dessintonizadas. Além disso, acredito que a covid-19 vibra em uma frequência muito baixa. No entanto, reconheço que muitas pessoas não conseguem entender essa perspectiva.

O índice de autismo aumentou consideravelmente, despertando minha curiosidade sobre o assunto. Acredito que as mudanças evolutivas, a nível planetário, podem estar relacionadas a esse aumento e ao surgimento de outras patologias.

As crianças autistas podem ter sensibilidade auditiva, reagindo negativamente a sons intensos e agudos. Elas podem tapar os ouvidos para evitar o desconforto causado pelos sons desagradáveis, o que pode levar a mudanças de humor e comportamento, podendo, em alguns casos, resultar em comportamento agressivo.

Em certos dias, quando não estou bem na minha vida pessoal ou não estou bem fisicamente, percebo que eles têm uma sensibilidade incrível. Eles me abordam com carinho, tocando meu rosto, como se dissessem: "Oi, sei que você não está bem hoje, mas tudo dará certo!". A emoção me toma ao notar essa extrema sensibilidade que possuem, capaz de transmitir tanto apenas pelos olhos, tirando-nos de nosso martírio diário e nos colocando em nossos devidos lugares com tamanha autoridade de pura compaixão.

Na época mais crítica da pandemia, lembro-me claramente de como os pais dos pacientes, especialmente os autistas, me pediam para atendê-los por chamada de vídeo. Eles queriam me ver e interagir de alguma forma; alguns até cantavam e recitavam poemas do Método Padovan, que explicarei mais adiante neste capítulo. Foi assim que conseguimos manter o vínculo possível naquela situação desafiadora.

Desse modo, destacamos a importância da comunicação e do desenvolvimento motor para as crianças. Como fonoaudióloga, atuo como terapeuta há 25 anos com o Método Padovan de Reorganização Neurofuncional (desenvolvido pela Dra. Beatriz A. E. Padovan, desde 1970), uma abordagem terapêutica que recapitula as fases do neurodesenvolvimento, usadas como estratégia para habilitar ou reabilitar o sistema nervoso.

Tive o prazer de conhecer esta profissional incrível!

Durante as aulas práticas, nossa professora costumava compartilhar histórias interessantes e casos clínicos, perguntando-nos: "Não é curioso?" Com muito carinho pelo paciente, ela nos transmitia ensinamentos valiosos, e esse aprendizado será sempre parte de mim como profissional da área da saúde.

Gostaria de homenagear a Dra. Beatriz Padovan, que mudou minha vida profissional ao me ensinar a trabalhar com amor. Ela nos encorajava a continuar ajudando adultos e crianças a se desenvolver e se reabilitar, sendo os seus "tentáculos" nessa missão. Essa frase me fez compreender a responsabilidade como terapeuta do Método Padovan, entregando, além de técnica, dedicação e carinho para com os pacientes.

O Método Padovan tem como objetivo reorganizar as funções neuronais do indivíduo por meio de exercícios corporais e orais, recapitulando o desenvolvimento neuroevolutivo dos bebês, incluindo movimentos de locomoção (rolar, rastejar, engatinhar, ficar de pé e na vertical) e sistema oral para o domínio da musculatura da fala. Também aborda o uso das mãos, que tem grande importância no córtex motor e sensitivo, e dos olhos, com sua organização muscular complexa.

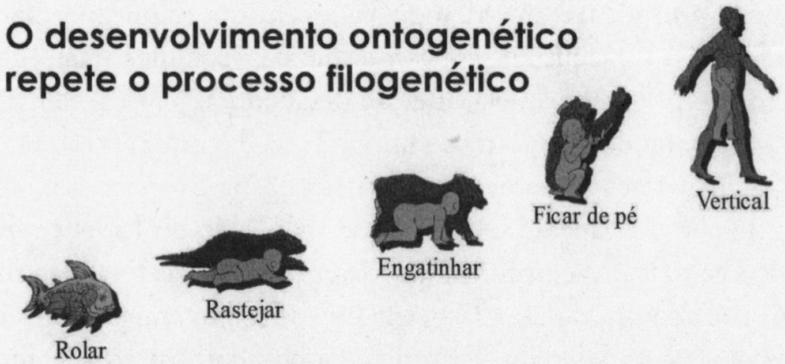

TEA

O desenvolvimento ontogenético repete o processo filogenético

Rolar
Rastejar
Engatinhar
Ficar de pé
Vertical

Esse processo terapêutico foi inspirado nos estudos de grandes ícones, como Temple Fay, neurocirurgião, que se baseou na organização do sistema nervoso, e Rudolf Steiner, criador da antroposofia. Steiner explicou a interrelação entre as três atividades humanas: ANDAR, FALAR e PENSAR, afirmando que, quando o indivíduo pensa bem, fala e anda bem.

Temple Fay
1895-1963

Rudolf Steiner
1861-1925

Segundo Rudolf Steiner, as três atividades (andar, falar e pensar) se inter-relacionam: por volta de um ano, a criança se locomove verticalmente; aos dois anos, começa a se comunicar oralmente, usando frases completas; e próximo dos três anos, apropriar-se do pronome "eu" e manifesta a capacidade de pensar e elaborar ideias. Steiner afirma que isso acontece por um misterioso processo do organismo humano, em que o andar é a base de tudo, nutrindo e possibilitando a expressão da "fala" que nos conecta com os outros.

Todo o nosso sistema nervoso central (SNC) está envolvido no processo da fala e possui relação direta com a comunicação e a linguagem. Até mesmo a medula espinhal contribui para informar o córtex cerebral sobre a postura e movimentos do corpo. Todos os tecidos nervosos estão conectados com a linguagem, e, ao nos comunicarmos, trocamos ligações nervosas.

Para que a FALA aconteça, precisa existir um pensamento que a antecede; e, assim, tem-se a linguagem.

Diante do grande interesse dos pais em querer que seus filhos se expressem e se façam entender, especialmente para crianças autistas, insisto em aprofundar ações sobre a fala em meus atendimentos. A pergunta mais frequente que ouço dos pais é quando seus filhos vão falar, o que demonstra a ansiedade gerada pelo quadro de cada caso, e compreendo completamente essa preocupação.

Ao me deparar com pais que recebem o diagnóstico de autismo ou outra patologia para seus filhos, busquei aprofundar meus conhecimentos em relação às famílias, incluindo processos de Coaching familiar e Constelação Familiar Sistêmica. Acredito que posso ajudá-los, oferecendo acolhimento, atenção e carinho, pois muitos enfrentavam sentimentos de negação e frustração ao perceberem que o filho não era como haviam idealizado. Diante dessa situação, surgia o desespero e a dúvida sobre sua capacidade de cuidar de uma criança nessas condições especiais.

Os pais passam por um processo doloroso e intenso, repleto de sentimentos como raiva, medo, tristeza, culpa, arrependimento e rejeição ao não saberem lidar com a situação, sentindo-se perdidos, sem rumo e cheios de dúvidas. Essa situação pode levar alguns à depressão e à inação, sem saberem o que fazer.

No princípio, resistem, relutando em aceitar ajuda, mas com o tempo ouvem as palavras dos médicos e profissionais que cercam o caso. Lentamente, ainda carregando suas dores emocionais, são impulsionados por algo maior: o AMOR. Esse amor que cura e transforma, e, aos poucos, dá forma a tudo, permitindo trilhar um novo caminho e, com olhares renovados, recomeçar.

Aos pais que receberam ou um dia receberão o diagnóstico de seus filhos, quero dizer que "vocês não estão sozinhos". Sempre haverá pessoas certas, preparadas, acolhedoras e designadas para cuidar e atender seus filhos com muito amor e dedicação, contribuindo para a evolução deles.

Sinto gratidão eterna por ter recebido a possibilidade de aprender e pôr em prática, com as minhas próprias mãos, o Método Padovan de Reorganização Neurofuncional e outras abordagens que agreguei à minha profissão, colaborando na evolução de cada criança autista, ou com outras patologias, que passou por mim e me ensinou a ser quem sou como pessoa e profissional da saúde.

Falando em estudos e aprofundamento, não posso deixar de citar o trabalho brilhante de Temple Fay, que explica sobre o funcionamento cerebral e a importância das funções cerebrais humanas que nos permitem ter habilidades e capacidades. Ele é um neurocirurgião mencionado anteriormente neste mesmo capítulo. Além disso, seus seguidores, como Carl Delacato, Glenn Doman, Raimundo Veras, Edward Le Winn e outros, também merecem destaque.

Todos os estudiosos trazem os conhecimentos até nós, aprofundando cada vez mais, dentro de um processo desenfreado em busca de explorar e entender o desenvolvimento humano.

E a caminhada de estudos, com certeza, teve um começo, mas nunca terá um fim. Pois existem muitas pessoas empenhadas em sempre contribuírem nesta jornada incessante de nos descobrir e nos entender. Colocando em prática nossas resiliências pessoais, somando e multiplicando os conhecimentos necessários para avançarmos nesta maravilha chamada existência.

Na minha prática terapêutica, ao longo de todos os anos em que tive o prazer de trabalhar com diversas patologias, especialmente com um número significativo de crianças autistas e seus pais, aprendi muito. Lidei com pais de diferentes perfis, sempre os admirando por serem verdadeiros guerreiros, lutando para defender seus filhos e garantir seus direitos.

Eles têm todo o meu respeito!

Sempre busquei estudar e ampliar o meu olhar para a minha prática, trazendo maiores conhecimentos a fim de poder contribuir para a evolução dos meus pacientes. Esse caminho exigiu muitos investimentos, como tempo, valores e dedicação em relação à responsabilidade que a profissão que escolhi com amor me deu, como bem dizem as palavras da dra. Beatriz Padovan, que nunca saíram da minha mente.

Vou compartilhar algumas histórias da minha jornada como fonoaudióloga. Certa vez, ainda no segundo ano de graduação, conheci a profissional Fernanda Papaterra, uma especialista em atender pacientes pós-AVC. Participei de um curso que ela ministrava na época, e nós, alunas, estávamos extremamente tensas, pois era período de provas e tínhamos 22 disciplinas, entre teoria e prática, tornando a rotina realmente desafiadora.

Nossa formação era em período integral, o que significava que só íamos para casa dormir e, no outro dia, já tínhamos clínica logo às 7h da manhã.

Nesse dia do curso, a fonoaudióloga Fernanda Papaterra se dispôs a fazer um relaxamento cervical em nós, alunas. Quando chegou a minha vez, ela me perguntou se eu gostava da fonoaudiologia. Respondi que sim, apesar de achar puxado. Então, ela se aproximou do meu ouvido e disse: "Posso te dizer uma coisa?". Eu balancei a cabeça, afirmando que sim. Ela continuou: "Não foi você que escolheu a fonoaudiologia, foi a fonoaudiologia que te escolheu".

Fiquei extremamente emocionada, tomada por um sentimento profundo de gratidão que transbordou em meu peito. Nunca mais me esqueci daquelas palavras e soube que recebi algo especial de presente lá do alto, como um atributo divino. Foi simplesmente um momento único.

Hoje, após 26 anos de formação e estando madura cronológica e profissionalmente, entendo que toda essa história está relacionada com a minha missão de vida. Tem a ver com o propósito que vim cumprir aqui. Acredito que estamos neste mundo para fazer a diferença, e escrever este capítulo sobre autismo me fez reviver todo o sentimento que me motiva a atender meus pacientes.

Nesses anos de estudo sobre os conceitos da Constelação Familiar Sistêmica, pude compreender que estamos aqui neste mundo a serviço da vida. Quando exercemos qualquer função, independentemente do que seja, é para servir algo ou alguém, e assim equilibramos as nossas relações.

Agradeço neste capítulo, a cada livro lido e palavra escrita, por compartilhar um pouco do meu trabalho e das minhas histórias profissionais e pessoais.

Espero ter despertado em vocês a curiosidade de conhecer melhor e entender como funciona o Método Padovan e o quanto esse trabalho pode ajudar seu filho a se desenvolver e se integrar socialmente neste mundo.

Deixo aqui uma frase muito especial da dra. Beatriz Padovan, que nos ensinou nas formações: "Aquele que segue o que a sábia natureza nos mostra e ensina tem menos chances de errar".

Referências

MELLO, C. B.; MIRANDA, M. C. de; MUSZKAT, M. *Neuropsicologia do desenvolvimento: conceitos e abordagens*. São Paulo: Memnon, 2005.

MIRANDA, H. C. de. *Autismo uma leitura espiritual*. Bragança Paulista: Instituto Lachâtre, 2012.

PADOVAN, B. A. E. *Método Padovan de Reorganização Neurofuncioonal*. Vila Velha: Above publicações, 2003.

WORDEN, J. W. *Terapia no luto e na perda: um manual para profissionais da saúde mental*. São Paulo: Roca, 2013.

10

CAMINHOS CRUZADOS
AVC NEONATAL E TRANSTORNO DO ESPECTRO AUTISTA

Guilherme nasceu prematuro, lidando com um acidente vascular e espasmos epilépticos associados à síndrome de West. Atrasos no desenvolvimento surgiram, apontando para um diagnóstico de autismo e deficiência intelectual. A resistência inicial de seus pais deu lugar à busca por tratamentos. A complexidade do autismo é acentuada, mas há um vislumbre de esperança no horizonte. O que o futuro reserva para essa criança?

ROSEMEIRE NERIS ALVES DE OLIVEIRA

Rosemeire Neris Alves de Oliveira

Tenho 44 anos, moro em São Paulo. Graduada em Pedagogia; especializada em psicopedagogia e neuropsicologia. Atuou como professora na rede particular e na Prefeitura de São Paulo, focando em TDAH e Autismo. Atende em consultório; especialista em reabilitação de TEA. Dedicada a técnicas inovadoras, seu compromisso é o avanço de indivíduos, especialmente com necessidades especiais.

Contatos
rosemeireneris2@gmail.com
11 97645 0360

Em cada intrincado caminho do desenvolvimento humano, encontramos uma combinação única de elementos genéticos, ambientais e eventos imprevistos. Essa dança complexa pode, ocasionalmente, gerar cenários inspirados e desafios particulares, que ditam o curso de uma vida. Esta é a trajetória de um ser humano extraordinário que se encontrou no meio de duas condições neurológicas distintas, porém entrelaçadas de maneiras inesperadas.

Neste capítulo, mergulhamos na vida de Guilherme, uma criança que, antes mesmo de respirar pela primeira vez, viu-se imersa em uma tormenta ocorrendo dentro de seu pequeno cérebro: um acidente vascular cerebral neonatal. Em um momento de vida em que tudo deveria estar apenas começando, Guilherme iniciou um evento que a maioria de nós associamos com a velhice ou, ao menos, com o avanço da idade. No entanto, o caminho de desenvolvimento de Guilherme estava apenas em seu alvorecer. Nossa narrativa se estende para além do AVC neonatal de Guilherme, explorando a posterior revelação de seu diagnóstico de transtorno do espectro autista (TEA). Na intersecção dessas duas condições, a vida de Guilherme nos instiga a desvendar os mistérios do cérebro humano, as interligações entre lesões alérgicas e distúrbios de desenvolvimento, e a incrível capacidade de resiliência que as crianças demonstram.

O objetivo deste capítulo é descrever a complexidade e os desafios que Guilherme enfrenta desde os primeiros sinais e sintomas, passando pelo diagnóstico, até sua inclusão na sociedade e na escola. Dando destaque à emoção entre o AVC neonatal e o TEA, procuraremos entender como essas condições coexistem e se estabelecem mutuamente, oferecendo uma visão única dos processos de desenvolvimento neurológico.

De modo mais abrangente, aspiramos que esta história traga um entendimento mais profundo das clínicas e das condições neurológicas na infância, e promovamos um maior entendimento sobre o autismo e o AVC em crianças.

Acompanhe-nos enquanto desvendamos a extraordinária história de Guilherme e navegamos pelas complexidades de seu universo.

O alvorecer prematuro: nascimento, desafios e superação

No amanhecer de uma terça-feira, com 29 anos de idade e na vigésima sexta semana de gestação, Joana sentiu as primeiras contrações. Uma inquietação preencheu o ar, seguida por uma corrida precipitada ao hospital. O que deveria ter sido um momento de alegria e expectativa, rapidamente, transformou-se em uma saga de preocupação e medo.

Guilherme nasceu de parto normal e sua entrada no mundo ocorreu mais cedo do que o esperado. A alegria de sua chegada, no entanto, foi ofuscada pelo silêncio ensurdecedor que seguiu seu primeiro choro, uma falta de energia em seus movimentos recém-nascidos. A prematuridade de Guilherme levou a complicações inesperadas, entre as quais a mais grave se revelou 24 horas após seu nascimento.

O palpite de Joana de que algo estava errado logo se tornou uma certeza temida.

Em suas primeiras horas de vida, Guilherme foi levado à Unidade de Terapia Intensiva (UTI), onde os médicos confirmaram o diagnóstico: Guilherme havia sofrido um acidente vascular cerebral hemorrágico, uma condição rara em recém-nascidos, causada, principalmente, por sua prematuridade.

O AVC neonatal, especialmente o hemorrágico, é um evento que pode ter lembranças duradouras na vida de uma criança. Mesmo entre os recém-nascidos prematuros, que são mais temperamentais a essa condição, o AVC hemorrágico é considerado raro. Foi nesse momento que o caminho de Guilherme começou a se desenhar em uma direção distinta da maioria.

Apenas duas semanas após seu nascimento prematuro e turbulento, Guilherme viveu mais um desafio: espasmos epilépticos. A UTI, que tinha se tornado sua casa temporária, de repente transformou-se em um palco frenético de atividade.

Cada espasmo representava não apenas um risco imediato para Guilherme, mas também potenciais danos neurocognitivos duradouros. A equipe médica encontrava-se numa corrida contra o tempo.

A precisão e a velocidade com que os médicos diagnosticaram e trataram os espasmos de Guilherme foram cruciais. Cada minuto contava na busca por controlar essa nova tempestade em seu frágil cérebro. Graças ao diagnóstico confirmado e às medicações adequadas, os médicos da UTI conseguiram controlar os espasmos.

A situação foi estabilizada, mas Guilherme não estava pronto para ir para casa ainda. Ele passou dois longos meses na UTI, seguidos por mais um mês sob observação no berçário. Durante esse tempo, foi monitorado de perto, com os médicos se certificando de que os espasmos estavam oficialmente sob controle e observando seu progresso após o AVC.

Finalmente, após três meses de ansiedade e agitação, os pais de Guilherme conseguiram levá-lo para casa. Foi um momento de alívio e de alegria cautelosa.

Eles sabiam que os primeiros meses de vida de Guilherme tinham sido um desafio, mas estavam confiantes de que o pior havia passado. O conforto de casa, a familiaridade de seu próprio ambiente pareciam um recomeço promissor após um começo de vida tumultuado.

O que eles ainda não sabiam era que a jornada de Guilherme estava apenas começando.

A tempestade inesperada: enfrentando a síndrome de West

A vida fora do hospital estava se acomodando em uma rotina para Guilherme e seus pais. Havia a alegria de ter o filho em casa, misturada com o alívio de que os desafios iniciais tinham ficado para trás. Mas, quando Guilherme completou sete meses, Joana começou a perceber sinais de que algo estava errado.

Ela notou que Guilherme, normalmente um bebê tranquilo, começou a ter episódios em que ficava inquieto em seu berço; seus pequenos membros se mantinham de maneira estranha e desconfortável. O mais perturbador era que, durante esses episódios, as lágrimas rolavam pelo rosto do pequeno Guilherme.

Preocupada, Joana conseguiu filmar um desses episódios e levou as imagens ao neurologista e ao pediatra da criança. A reação imediata dos médicos foi alarmante.

Eles instruíram Joana a levá-lo ao pronto-socorro pediátrico imediatamente.

No hospital, os médicos confirmaram o medo de Joana: Guilherme estava tendo espasmos epilépticos. O retorno desses episódios, apesar da medicação que Guilherme estava tomando, foi um grande golpe. Durante 15 dias, Guilherme lutou contra esses espasmos, cada um deles aumentando a preocupação dos médicos sobre as possíveis consequências dessas crises para o seu desenvolvimento neurológico.

Desesperados, os pais tiveram a ideia de entrar em contato com a equipe médica que havia cuidado dele durante sua estada na UTI. Aquela equipe médica tinha uma compreensão íntima quanto à condição de Guilherme e uma ideia do que poderia funcionar. Com um novo plano de ação, eles conseguiram interromper os espasmos. Foi um alívio enorme. O tratamento seguiu contínuo em casa, mas o diagnóstico que receberam não foi promissor. Guilherme foi diagnosticado com síndrome de West, uma encefalopatia epiléptica grave que afeta crianças. Essa condição, conhecida por suas crises epilépticas refratárias e retardo no desenvolvimento, representava um novo desafio no já complicado caminho do menino. Os pais, embora aliviados por finalmente terem um diagnóstico, estavam cientes quanto ao difícil caminho que Guilherme tinha pela frente.

Enfrentando a realidade: reconhecendo e lidando com o autismo e a deficiência intelectual

Mesmo após a confirmação do diagnóstico da síndrome de West por diversos neurologistas, os pais de Guilherme ainda tinham esperança de que seu filho estivesse apenas atrasado em seu desenvolvimento. Eles acreditavam que, dadas as circunstâncias de seu nascimento e os primeiros meses de vida, o tempo, eventualmente, traria o progresso que tanto esperavam. Com o passar do tempo, no entanto, tornou-se cada vez mais evidente que o desenvolvimento de Guilherme não estava simplesmente atrasado. Aos cinco anos, ele ainda dependia da mamadeira para alimentação, usava fraldas e falava apenas algumas palavras simples. Sua seletividade alimentar e seu baixo ganho de peso eram fontes constantes de preocupação.

Foi quando Guilherme começou a frequentar a escola infantil que os pais receberam um alerta definitivo. A coordenadora pedagógica, observando as dificuldades do aluno, recomendou que procurasse uma fonoaudióloga para uma avaliação mais detalhada.

Com o laudo do neurologista em mãos, a fonoaudióloga soube que Guilherme estava diagnosticado com o transtorno global do desenvolvimento. Ela garantiu que os pais procurassem uma neuropsicóloga para uma avaliação mais completa.

No entanto, apesar dos sinais repetidos de que Guilherme precisava de intervenção profissional, os pais hesitaram. A desculpa era a falta de recursos financeiros, mas, no fundo, eles tiveram dificuldade em aceitar a realidade do estado de seu filho. O medo da palavra "autismo".

Foi só quando Guilherme entrou no primeiro ano do ensino fundamental, e seu processo de alfabetização falhou, que a necessidade de uma avaliação neuropsicológica se tornou inegável. A realidade, finalmente, alcançou os pais de Guilherme: seu filho necessitava de ajuda além do que eles poderiam oferecer sozinhos.

Após dois meses de avaliação, veio o diagnóstico definitivo: autismo e deficiência intelectual. Embora fosse um golpe duro, também representava uma espécie de alívio. Finalmente, eles tiveram uma resposta para as lutas de Guilherme.

A partir daquele momento, a criança iniciou um acompanhamento interdisciplinar com psicóloga especializada em Análise do Comportamento Aplicada (ABA), fonoaudióloga, psicopedagoga e terapeuta ocupacional. Com o apoio certo, Guilherme começou a fazer progressos estáveis.

Apesar de todas as dificuldades e desafios, a família comemorou alegremente o progresso. Eles entenderam que, apesar de ter o espectro autista, ele poderia ter um desenvolvimento positivo dentro de suas condições. Essa revelação marcou o fim de um capítulo complicado, mas também o início de uma jornada de esperança e resiliência.

Para concluir, a saga de Guilherme e sua família ilustra a complexidade da experiência do autismo. Uma odisseia não apenas de desafios e obstáculos, mas também de persistência, devoção e aceitação. Compreender e aceitar o autismo não é um caminho fácil, é um processo doloroso, que exige tempo, paciência e um comprometimento profundo. O diagnóstico de autismo e deficiência intelectual de Guilherme lançou sua família em um mar de confrontos, criando um cenário repleto de perguntas sem respostas claras, evidenciando as dificuldades em lidar com o desconhecido.

Essa jornada, porém, não é vivida apenas no âmbito das dificuldades. Pelo contrário, é também um percurso de aprendizado e adaptação. É um caminho que conduz à compreensão de que o autismo, embora faça parte da identidade de Guilherme, não o define completamente.

A luta para entender e aceitar o autismo desafiou os pais da criança a enfrentar suas próprias inseguranças e seus medos. Contudo, também os levou a descobrir a beleza da singularidade de seu filho, sua originalidade incansável e a alegria pura que irradia de seu ser.

Uma intervenção interdisciplinar foi essencial para o progresso de Guilherme, abrindo novos caminhos de desenvolvimento e esperança. Cada pequena conquista é uma vitória imensa, um marco que comemora o espírito indomável de Guilherme e a incansável dedicação de seus pais.

O autismo é complexo e, muitas vezes, incompreendido. O caminho até a aceitação não é linear, e os desafios enfrentados no percurso são inegáveis. No entanto, essa história nos lembra de que cada pessoa é única e valiosa, e de que cada trajetória, por mais complexa que seja, está repleta de potenciais e possibilidades.

Em suma, o final deste capítulo não significa o fim da história. Na verdade, marca o começo de um novo percurso na vida de Guilherme e de seus pais: uma jornada de aceitação, crescimento e amor incondicional. Embora o futuro ainda traga algumas incertezas, a coragem e o amor de sua família serão sempre a luz a guiá-los pelo caminho.

11

APRENDENDO SOBRE AUTISMO POR MEIO DE FILMES E SÉRIES

O universo fictício dos filmes e séries pode nos fazer refletir sobre nossas próprias vidas. Por meio dos personagens, podemos nos ver em situações comuns. Assistir a filmes e séries pode nos ajudar a entender nossos comportamentos e obter ideias para nossas vidas. Irei propor uma reflexão por intermédio de personagens autistas da TV e do cinema e espero poder trazer bons *insights*. Pegue uma pipoca e venha comigo.

THAMIRIS BEGOTI

Thamiris Begoti

Formada pela Universidade São Marcos (2012). Pós-graduada em Gestão de RH, pela FMU. Formação em Terapia Cognitivo-comportamental pela CETCC. Terapia de Esquemas para Casais pela ITPC e Terapia de Esquemas pela Wainer. Orientação Vocacional pela Vetor. Atuou, por mais de dez anos, em ambiente corporativo, mais de 15 anos em Terapias Integrativas. Escritora do livro digital *Terapia de esquemas através de filmes*, publicado em 2023. Hoje, atende na clínica on-line e ensina psicologia por meio de filmes e séries em seu canal do YouTube.

Contatos
www.thamirisbegoti.com
thami.psicologa@gmail.com
Instagram: @psicinefila
YouTube: Psi Cinéfila

O universo do cinema e da TV proporciona um olhar na nossa vida por meio de uma lente que nos permite observar de fora, como se pudéssemos sair de cena em situações de nossa vida cotidiana e conseguíssemos nos observar; assim, percebemos as coisas por outra perspectiva.

Eu costumo ensinar comportamentos, emoções e manias por meio de personagens de filmes e séries, pois com eles conseguimos enxergar muito de nós mesmos.

O transtorno do espectro autista (TEA) compreende um transtorno neurológico que compromete algumas funções neurais, afetando a pessoa de diferentes maneiras, tendo por consequências dificuldades sociais, verbais ou de comportamento. O autista vê o mundo com uma lente diferente, que precisamos compreender e entender.

Dependendo da maneira que o sistema neurológico é comprometido, pode afetar menos ou mais o portador, fazendo que ele tenha mais sintomas aparentes ou menos sintomas. E vai ser um pouco disso que veremos aqui por intermédio de personagens com limitações e dificuldades diferentes, mas todos em busca de uma vida comum e de serem cada mais vez mais compreendidos.

O autismo e a conexão com os animais

No filme *Farol das orcas* (2016), somos apresentados à história real de uma mãe que tenta ajudar o seu filho portador de um autismo mais severo, Tristan, a se conectar emocionalmente com as orcas; para isso ela busca ajuda do famoso biólogo Beto (o encantador de orcas), que aparentemente é frio e apresenta pouca empatia com a situação. Porém, aos poucos, ele vai se aproximando de Tristan e entendendo como essa conexão com animais é importante para os portadores de TEA. Assim como na vida real, ele passa a ajudar o garoto a ter conexões não só com as orcas, mas com o cavalo, com os leões marinhos. Ganhando confiança, com paciência, Tristan começa a perder alguns medos, a ser mais confiante de si mesmo. Hoje, Tristan, que na vida real se chama Augustín, leva uma vida normal; além de autista é surdo e mudo, é artista plástico, namora e tem uma vida social. Esse filme nos mostra como é importante a empatia, a paciência e a perseverança para uma melhora de sintomas em casos mais graves.

A tecnologia ajuda, mas atrapalha muitas vezes. Digo isso, pois, por meio das redes sociais, temos a divulgação cada vez mais rápida de informações sobre vários transtornos; porém, muitas vezes de maneira equivocada, e com isso muitas pessoas acabam obtendo informações erradas sobre o autismo.

Já vi muitas perguntas como: "Os autistas podem se relacionar?", "Podem ter vida social?". Ou até mesmo: "Ah, hoje em dia todo mundo é autista".

Precisamos tomar cuidado e ser cautelosos com todas as informações que lemos, pois, infelizmente, na maioria das vezes são informações erradas.

A dificuldade enfrentada por mães e pais de autistas

O curta-metragem *Arthur e o infinito* (2018) retrata a vida de uma família que tem um dos filhos diagnosticado com autismo de baixa funcionalidade, pois tem um maior comprometimento nas funções motoras, sociais e linguísticas.

Percebemos a dificuldade da mãe para lidar com os desafios de ter um filho neurotípico, muitas vezes resultando em culpa, tristeza a esgotamento emocional. Porém, ao final, percebemos que ela encontra uma maneira para conseguir acessar o filho usando a linguagem que ele entende, e essa realmente é uma grande chave para ter maior facilidade de lidar com filhos no espectro. Saber conversar com eles por meio da própria linguagem que eles transmitem é perceber os sinais e limitações e não pressioná-los para serem pessoas comuns, sem o transtorno, pois assumir que eles são diferentes e aceitá-los como eles são é o caminho mais amoroso e empático que podemos seguir.

O amor é possível para todos

Aqui, então, apresento uma série/documentário: *"Amor no Espectro"* (2019). Na série, somos apresentados a várias pessoas reais e autistas em diferentes espectros, com sintomas mais graves ou mais leves e, por isso, é de grande valor assistir para ter um maior entendimento. A série em si é focada em trazer encontros amorosos para esses adultos autistas.

É muito interessante perceber como cada pessoa é bem diferente e também similar em alguns sintomas, tais como colecionar objetos, mostrar sinceridade na fala, apresentar mudanças repentinas de assunto, uma certa inocência e pureza em alguns assuntos, ter dificuldades em manter contato visual, ter excesso ou ausência de expressões faciais, ter gosto por boa higiene. Esses são alguns dos sintomas parecidos que eles apresentam.

Observamos, então, várias pessoas com autismo, com idades diferentes, todos em busca de um amor. É muito bacana, pois todos recebem ajuda de uma especialista em autismo que também possuía TEA, e isso auxílio bastante, principalmente aqueles com maior grau de comprometimento social.

Também destaco aqui duas pessoas que me chamaram atenção: a primeira foi Steve, que é o mais velho do grupo, com 63 anos, que descobriu o autismo há pouco tempo. Ele diz que sempre se achou diferente das pessoas, mas não sabia o motivo. A segunda pessoa que me chamou a atenção foi Dani que, de todos, é a que menos aparenta sintomas mais graves do autismo, mas apresenta alguns sintomas sutis, como usar as mãos para falar, um foco maior no trabalho, intensidade nas emoções, dificuldades de demonstrar emoções, sinceridade. Acho que ela mostra que no autismo existem diferentes graus de comprometimento, mas que, mesmo com características mais brandas, essa pessoa também está dentro do espectro e deve ser respeitada igualmente e não ter seu sofrimento minimizado.

Essa série mostra como é possível se relacionar mesmo com as dificuldades e mostra que o apoio da família e dos amigos é importante para dar segurança e motivação na fase adulta.

Me aceita como eu sou, quem quer que eu seja.
(Frase da série Modern Love)

Na série *Atypical* (2017), somos apresentados ao Sam, personagem no espectro com alta funcionalidade, com dificuldades maiores na questão social. Logo no primeiro episódio, percebemos as dificuldades dele, como sensibilidade ao som, a honestidade em se expressar, repetição de falas, hiperfoco em assuntos específicos, dificuldades em se comunicar e perceber sinais corporais das pessoas. Nessa série, com muito aprendizado, percebemos não só as dificuldades de Sam, mas também as da família, amigos e escola para entender e aceitar melhor o espectro. A mãe se apresenta como uma figura mais controladora e exigente e teve seu casamento afetado tanto pela preocupação extrema com Sam como pelas dificuldades com seu marido, que se afastou da família ao descobrir o transtorno do filho, quando criança. Infelizmente, é um dado muito comum, pois muitos casamentos se desfazem quando o filho apresenta algum transtorno, mostrando claramente a dificuldade individual que temos para aceitar o diferente e lidar com a pressão da sociedade.

Aprendemos com Sam o quanto é importante lutar pelo que se deseja, mesmo com limitações; a ir atrás dos sonhos, buscar ajuda em grupos de apoio, fazer terapia, que é essencial. É preciso cada vez mais aceitar e assumir para as outras pessoas quem somos de verdade, sem receio de como seremos vistos. A aceitação e o entendimento de nossas próprias limitações abre caminho para a comunicação com as outras pessoas e possibilita que elas nos entendam e nos aceitem como somos.

O autista pode e merece ter uma vida "comum" como a de qualquer pessoa

Agora temos a inteligente advogada da série *Uma advogada extraordinária* (2022), a Dra. Woo Young-woo, que tem uma predileção por animais marinhos; nesse caso, as baleias. Nesse dorama jurídico, entramos em um mundo de empatia, tolerância, afeição, compreensão e aceitação.

Woo Young-woo é uma advogada brilhante, foi a primeira da turma. A história se baseia em uma mulher com TEA e que foi brilhante em sua área também. Percebemos Woo Young-woo com várias características do espectro autista de alta funcionalidade, ou seja, com a dificuldade de socialização e alguns outros sintomas, como audição sensível, a ecolalia (repetição de frases de outras pessoas), não gostar de ser tocada, gostar de tecidos mais agradáveis ao toque. Ela usa o processamento de pensamento por imagens para resolver muitos casos. Todos esses sintomas mencionados, ela sabe e consegue controlá-los na medida do possível, pois seu pai foi uma peça importante para apoio quando ela era criança e recebeu o diagnóstico entendendo as dificuldades dela e ajudando no processo (como no primeiro episódio, em que ela olha o manual de emoções com várias imagens do pai para saber como expressar a emoção que ela sentia no momento).

Mais uma história que mostra que, independentemente da sua deficiência, é possível seguir uma vida normal, entendendo as limitações e exigindo respeito das pessoas, que, por preconceito ou por falta de informação, possam ridicularizar ou maltratar pessoas do espectro.

A inclusão do espectro autista no mercado de trabalho

A série *The Good Doctor* (2017), mostra o drama do dr. Shaun Murphy, médico cirurgião com autismo e síndrome de Savant (inteligência acima da média). Apresenta o autismo de alta funcionalidade, mostrando que é possível morar sozinho, estudar, trabalhar e até mesmo interagir socialmente.

Ainda é difícil alguns lugares aceitarem ou terem programas de inclusão em qualquer trabalho. Logo no primeiro episódio dessa série, vemos claramente o preconceito com pessoas neurotípicas, em que outras pessoas acham que elas são incapazes de exercer um bom trabalho. Porém, no decorrer da história, percebemos o quanto a genialidade e os próprios traços do espectro ajudam muito a salvar vidas.

E também como é importante a validação das pessoas próximas, pois, como vimos, muitos autistas se sentem "anormais". Focar nas habilidades boas, para muitos cargos, é bastante recomendado, assim como qualquer pessoa que possui certas habilidades.

No filme *O contador* (2016), somos apresentados a Christian, diagnosticado desde criança com a síndrome de Asperger (hoje classificada como autismo leve ou de alta funcionalidade), que trabalha como contador usando as suas habilidades com números e lógica de uma forma exemplar (como um poder sobrenatural, citado no filme), tornando-se referência na sua função. Da mesma forma que o dr. Shaun, ele consegue usar as suas habilidades em um trabalho e é reconhecido por isso.

Christian teve treinamento militar desde criança e pertenceu ao exército; um dos sintomas mais pertinentes a se destacar é a automutilação. Muitos autistas têm tendência a se machucar para aliviar alguma emoção que não sabem expressar.

Espero que você tenha aprendido com esses personagens a entender melhor o transtorno ou para se motivar e seguir sua vida em todas as possibilidades.

Nunca deixe ninguém te dizer
o que você pode ou não fazer.
Dr. Murphy, da série *Good Doctor*

Referências

AMOR no espectro. Direção: Scott M. Gimple, Glen Mazzara, Robert Kirkman. Austrália: Netflix, 2019.

ARTHUR e o infinito – Um Olhar Sobre o Autismo. 2018. Vídeo (36min35s). Publicado pelo canal Julia Rufino Garcia. Disponível em: <https://www.youtube.com/watch?v=33F-v3_0s0rE>. Acesso em: 30 set. de 2023.

ATYPICAL. Direção: Seth Gordon. EUA: Netflix, 2017. (série - quatro temporadas)

EM um mundo interior. Direção: Mariana Pamplona, Flávio Frederico. Brasil, 2018.

FAROL das orcas. Direção: Gerardo Olivares. Espanha: Netflix, 2016.

O CONTADOR. Direção: Gavin O'Connor. EUA: Warner Bross, 2016.

THE GOOD doctor. Direção: David Shore. EUA: American Broadcasting Company, 2017.

TUDO que quero. 2020. Vídeo (1h32min46s). Publicado pelo canal You Rick. Disponível em: <https://www.youtube.com/watch?v=7w5Mzqgh0h8>. Acesso em: 30 set. 2023.

UMA ADVOGADA extraordinária. Direção: Yoo In-shik. Coreia do Sul: ENA, 2022.